世界伟人传记

贝多芬

Beethoven

文心 编写

陕西出版传媒集团
陕西人民出版社

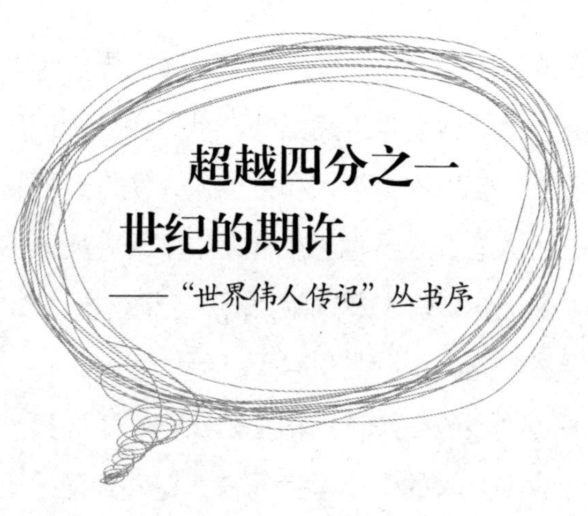

超越四分之一世纪的期许

——“世界伟人传记”丛书序

早于四分之一世纪前的一个黄昏，有一群中年人和青年人会聚在东方出版社已故创办人游弥坚先生的家里，听取游先生语重心长的谈话。当时台湾的经济情况远不如今日，但已然有萌芽起飞的征兆。社会民生的物质生活，显见较有长足的进展；但是精神生活的提升，则颇嫌步调缓慢。以出版界而言，纸张印刷既不能与今日比，而出版社也寥寥可数，成人的刊物虽然有一些，但少年读物则十分贫乏。游弥坚先生有鉴于此，想要为少年男女编纂一些健康有益的优良读物。他的构想分两方面：一方面要从世界文学名著之中整理出一套可供少年阅读的《世界少年文学选集》，同时也配合出版适宜少年阅读的“世界伟人传记”。那个黄昏会聚在游先生家里的中年人和青年人，便是一群从台湾各地挑选出来担任执笔者。当时还在台大中文研究所读书的我，便是其中之一。虽然，那个黄昏距离现在已超过四分之一世纪的遥远，我仍然不能忘记游先生对于少年读者的关怀，也还记得大家曾经多么热烈地交换意见和互相鼓励的情况！

对于当时的中小学生而言，课外的娱乐活动种类极少，而可供他们课外阅读的书籍更是几乎没有。游先生的这两大套书的出版构想，可说是跨时代的高瞻远瞩。我们讨论到如何分配工作，也商量怎样在分工合作的情况之下，尽量达成异中有同的终极目标。

精选出来的二十多位世界伟人，完全是基于客观公正的立场，所以兼容古今中外，并没有特别强调民族本位的色彩，从教育、文学、科学、政治及艺术等各部门选出最受世人崇仰敬爱的伟大人物。每一位人物的生长背景各不相同，而他们在一生之中所表现的奋斗过程与不折不挠的精神，则是异中有同的。但是为了顾及少年读者阅读的兴趣，这些传记都避免正面冗长的说教性叙述，而多从日常生活富于启发性的小故事来传达伟人所以成功的道理；尤其是着重在他们年少时代的生活特征，以诱发少年读者们的共鸣，希望我们的少男少女在课外阅读这些趣味性浓厚而立意严肃的世界伟人传记时，能够于不知不觉之中领悟到做人处世的高尚理想。

这一套书中随处出现的精美生动的插图，乃是以图辅文，借以达到图文并茂的目的。每一个伟人传记的文后，都附有简单的年谱，让读者能够从中再度温习伟人的重要事迹。

自有“世界伟人传记”丛书的编纂构想以来，已经历了四分之一世纪的时间。这期间无论社会或个人都发生过种种变化，当初主其事的游弥坚先生已经作古，当初执笔撰写参与其事的人，也多四处星散，但是这一套书却一直流传下来，成为最受少年男女欢迎的课外读物之一。这么多年来，许多年少时读过这套书的人，也已经长大成人各奔前程。想到这些，我如今执笔为这一套丛书写序时，心中充满了感慨与感动。现在，我衷心希望无论过去与未来阅读这套书的人，都能深刻铭记编撰人的苦心，从伟人们的传记中汲取崇高的人生哲理。

林文月

贝多芬·序言

尽管贝多芬去世已经一百数十年之久了，却仍被全世界的人尊为乐圣；即使距离贝多芬居住地有半个地球之遥的我们，在精神方面，也受到莫大的鼓舞，使我们的生命增添了不少欢愉。贝多芬音乐创作的影响力，真是“无远弗届”！

不过，贝多芬一生的遭遇，却十分悲惨。他一生穷困，饱受病魔的困扰，也遭到骨肉至亲的捉弄；甚至他那两只可以说是“音乐的生命”的耳朵，也失去了听觉，真是受尽了折磨。可是，他凭着惊人的精神和意志，征服了这些不幸，而且还创造了辉煌灿烂的艺术。

贝多芬的音乐之所以能够那样真切地打动我们的心，是因为他突破了重重苦难，而从苦难的深处，汲引出欢欣和幸福来馈赠给我们。

当我们沉陷在悲痛中的时候，当我们被困在烦恼中的时候，贝多芬就会这样向我们悄悄地说：“摆脱你的烦恼，高兴起来吧！”

贝多芬的音乐抚慰了人类的心灵。我们相信，只要人类不从地球上销声匿迹，贝多芬的光辉成就，就永远不会湮没！

编　者

目录

从苦难中成长的幼苗

一代宗匠

人生短促艺术永恒

巨星殒没

从苦难中成长的幼苗

CONG KUNAN ZHONG CHENGZHANG DE YOUMIAO

贝多芬全家住在波恩的一间狭小顶楼的房间里，生活一直陷于悲惨的境地中。

母与子

“妈，爸爸还没有回家吗？”

年幼的路德维希·范·贝多芬，问着在暗淡灯光下补袜子的母亲。

“还没有呢，大概快回来了。”玛丽亚·马克黛丽娜停了停她手里的活儿，抬起头来笑嘻嘻地回答她的儿子。

尽管母亲满面笑容，可是贝多芬并没因此就高兴起来，还是拉长了脸，咧着嘴想哭，满脸沮丧的样子。

“你怎么了？赶快去睡觉吧！等爸爸回来我会叫醒你的。知道吗，好孩子？”

“不，我不睡，我要等爸爸回来。”

路德维希那有神的圆圆的小眼睛里，显露出一副不安和恐惧的神色来，目不转睛地直盯着窗外的黑暗。深秋的夜空里，星星闪耀着。

路德维希的父亲约翰，虽然是在波恩的宫廷里担任乐手，可是家境却非常穷苦；他们住在波恩的一间狭小顶楼的房间里，生活一直陷于悲惨的境地中。

“妈妈，爸爸要我在今天晚上做好音乐教本的练习，我到现在还没做好呢！爸爸回来一定又会拿皮鞭来打我的。所以，我不敢去睡觉——”

“你不要担心，好孩子，妈妈替你跟爸爸讲明白。不睡觉怎么行呢？”

虽然路德维希才只有五岁，却经常被父亲鞭打，父亲总是严厉地命令他苦练钢琴。

如果让他跟一般人家的孩子一样，高高兴兴地去玩耍的话，那有多好呢！可是，这不是他母亲的力量所能做得到的。

玛丽亚把手里正在补着的破袜子放在桌上，伸手抱起路德维希，抚弄着路德维希卷曲的头发。

“妈妈，我一点儿也不讨厌弹钢琴，可是，爸爸在旁边大声一骂，我就害怕得连手指头都动不了啦。”

“其实，爸爸也不是讨厌你，只因为他和你的爷爷都是音乐家，为了使你也成为一个伟大的音乐家，所以才拼命地来训练你。”

他母亲很有耐心地这样告诉他。路德维希把小脑袋埋在母亲的怀里，不住地点着头。并且在他那黯淡无光的小小眼睛里，闪耀出一股生动的神色来：“嗯，我最喜欢爷爷了——”

他爷爷的名字，也是路德维希·范·贝多芬，是宫廷乐队的队长。他的名字就是他爷爷取的。

在路德维希三岁的时候，他的爷爷就去世了。可是，这老人家的形影，还是一直留在他心头。

留在他模糊记忆中的爷爷的样子，是身上披着红色的大氅，威风十足，大模大样地到宫殿里去的那副样子。在小小年纪的路德维希看来，那实在很了不起。

事实的确是这样，他爷爷是一个很有才干而又很有名气的音乐家。

路德维希到爷爷家里去时，总是跟着到教堂里听爷爷唱歌。

“我长大以后，也要像爷爷一样，成为一个音乐家。”年幼的路德维希总是这么想着。

父亲的野心

突然，门口响起了一阵猛烈的敲门声。

“喂，开门呀！”

喝醉了酒以后那种失去了常态的嘶哑的声音，在门外吵嚷着。

路德维希的脸色，立刻苍白了起来，他那一对圆圆的小眼睛里，也马上浮现出恐惧的神色。

是父亲回来了！

玛丽亚急忙站起身来，把门打开。

“怎么这样慢，干什么呢？”

约翰一走进门来，就瞪着那一对充满了血丝的眼睛，凶狠狠地直视着孩子的母亲。

差不多每天晚上都是这样，约翰总是在街上的酒店里喝得烂醉才回家来。

约翰的那一份宫廷乐师的薪金，一年总计起来，也只不过一百托拉七十五古尔甸。这样一份微薄的薪俸，本来就不够维持家庭生活，可是，约翰却是一个不喝酒过不了日子的人。

“只要不这样嗜酒，你爸爸实在是一个好人。可是——”

玛丽亚常常躲在漆黑的厨房角落里，这样长吁短叹。

路德维希继承了他爷爷与父亲两代的音乐血统，非常喜欢音乐。

约翰有时候在家里弹着钢琴，唱着歌。这时候，路德维希不管是在做什么，或是做着怎样好玩的游戏，他都扔下，跑过去听父亲唱歌。

约翰唱完以后，每当要把钢琴盖子盖上去时，路德维希总是按住他的手说：

“爸爸，再唱下去！”

“呵呵，小宝宝竟是这样喜欢听歌吗？”

“是呀，我喜欢，实在喜欢！”

“这样喜欢吗？好，好——”

约翰就把路德维希抱了起来，放在膝盖上，一只手按着琴键，一面把同一曲调一遍又一遍地唱给他听。

于是，路德维希也就直睁着眼睛听，尽管他还是一个孩子，却表现出一副认真的神情：

“爸爸，我也想弹一下钢琴呢！”

“好，小宝宝会弹的话，那才棒哩。”

约翰笑着，抚摸了一下路德维希的头。

约翰心里在想，他弹的那些很不容易弹的曲调，孩子当然弹不好的。

“爸爸，就是这样吧？”

路德维希一面这样问，一面用他的小小的手指尖，开始按起琴键来。

路德维希只在他父亲弹钢琴的时候，在旁边看看听听，却能够把父亲弹过的曲调照样弹奏出来。

不管从哪一方面来说，像这样一个只有四岁的小孩子，能按钢琴的键子，实在不是一件容易的事。

再说，像这样只有四岁的孩子，脑力也没有达到正确理解音乐的时候。

路德维希弹完了的时候，约翰不禁惊奇地喝起彩来，目不转睛地看着他的孩子，好大一会儿说：

“弹得好！路德维希，你真是个天才，你有音乐天赋！这真是了不起的本领！”

约翰心里得意地想着：

“不错，好好对他加以训练，让他像莫扎特一样。”

原来，就在这时候，乐坛出现了一个像彗星那样的少年钢琴家莫扎特，他跟着姐姐到各地的音乐会去演奏，受到听众热烈的欢迎。据说演奏费相当可观。

约翰月薪微薄得只够买酒喝，所以就打算把路德维希的音乐天才加以训练，好让他像莫扎特那样，出去登台演奏，赚一点演奏费，来补贴家用。

“孩子，你真的很喜欢音乐吗？”

“是的，非常喜欢。”

“那么，以后我就把钢琴和和声学等统统教给你，好不好？”

“那样，我可太高兴了！”

路德维希一听父亲说要教他弹钢琴，就高兴得跳了起来。

可是自从他开始学习钢琴，只要是约翰在家的时候，他就连一分钟的闲空儿也没有了。

“你在干什么？还不赶快去练习！”约翰大叫道。

有时路德维希累得实在受不了了，稍微流露出不高兴的神情来。

“怎么了？！你看你这副脸色！”约翰的皮鞭就马上劈头打下来。

夜里也是一样。喝得醉醺醺的约翰一回到家里，就去把已经睡着的路德维希从床上拖起来，拉去练习钢琴。

只要稍微弹错了一点，或者累得要打瞌睡的时候，约翰就毫不宽容地举起鞭子来，给他一顿痛打。

这种练习，并不是一个钟头或两个钟头而已，而是持续一整夜。

路德维希尽管十分喜爱音乐，可是，到底忍受不了他父亲这种无情的训练，有时就哭着反抗起来：

“不要！不要！我不要学弹钢琴了！”

“什么？！”

这时，约翰马上怒气冲天，举起皮鞭子抽了过去。

玛丽亚看见了，总是跑过去抱起路德维希来，用哽咽的声音安慰：

“孩子，我的好孩子，你不是想成为一个伟大的音乐家吗？既然这样，就得忍耐，不管怎样辛苦，练习还是要好好练习的。等你练习完了以后，就跟妈妈一起去散步，散步的时候，我要带些你最喜欢的糕点去呢！”

经他母亲给他这样一番好声好气的劝慰，同时，也看到了母亲脸颊上挂着泪珠，路德维希就一面哭，一面点点头，又坐到钢琴旁边去继续练习。

风光明媚的波恩

波恩，在德国是一个以风景出名的古城，景色非常美丽。

流经波恩的莱茵河，是阿尔卑斯山中清澈晶莹的冰河融解后，从山顶上流下来的水所汇聚成的。

这河流有时候波高浪急，水花直溅到岸边的山岩上去；有时候，却是水平如镜，静悄悄地流去，把那多年来保持着它固有风貌的古城，倒映在河心里；有时候，也会从那成了废墟的远古时代的城址上面，不声不响地流过；有时候，先通过那两岸一望千里，到处都是葡萄园的肥沃的土地，然后再流进波恩市去。

这河流进入市街以后，水流就显得缓慢起来；同时，起伏在河边的重重叠叠的山峰，到了这里，也显得低了很多，成为一连串叫作纪邦斯甘别格山的小山，最后就消失在平地里。

这纪邦斯甘别格山，是一座由七个连接着的小小的山峰所合成的群山，其中一个厥洛伊弗斯山，靠莱茵河最近。从这山上望下去，所看到的波恩市街以及莱茵河的水上景色，真是美丽得像一幅图画。

路德维希最喜欢这座山。他常常和小朋友们到这里来爬山，有时也来爬爬树，总是玩得十分痛快。

路德维希也常和他母亲一起到这山上来散步。

大河里的流水，反射着耀眼的光，使河面上到处闪烁出灿烂的光辉。那碧波荡漾的河面和蔚蓝的天空中，一座铁桥画下了一道美丽的弧线。从山上俯视下去，这座铁桥刚好在他的脚下。一艘吐着黑烟，穿过桥去的巨轮，慢慢地驶远了去。

“妈，那艘船是开往哪里去的？”

“哎，不知道开到哪里去。如果路德维希也能够乘了那样的大船，到遥远的都市里去做演奏旅行，那就太好了！”

唉，那遥远的都市维也纳！音乐之都维也纳！

这孩子的神情，也立刻显得兴奋起来：

“如果能够跟妈妈一起到维也纳去该有多好！妈妈，维也纳有许多伟大的音乐家在那里吧？”

“是啊，那里也有不少漂亮的音乐室，而且是个非常热闹的城市哩。”

自然的美，使路德维希的心灵受到了一种纯洁的洗练。他觉得，自然界的鸟叫虫鸣、山光水色，就是一篇优美的乐章。也就是每天这短短的与自然接触的时间，润泽了他的心情，使他愿意继续弹奏钢琴，并且下决心将来要把自然界的声韵融入自己的作品中。

一个新老师

“喂，客人来了，快点开门。”

这天晚上，路德维希的父亲约翰，照常喝得醉醺醺的回来。不过，看他的样子，倒非常高兴。

玛丽亚一开门，只见约翰手里拿着一大堆东西，咧开着嘴巴大笑。

“哎呀，约翰，你怎么这样高兴？”

“因为我的好朋友杜比亚斯·斐力特立希·派意华先生，今天竟然肯赏光到我们家里来——”

“哎呀，真是对不起，那就快请进来吧！”

玛丽亚很客气地这样招呼，一面抬起头来，看见在约翰背后有一个喝得比约翰还醉、低垂着眼皮、头发已秃光了、嘴角上挂着微笑，但绝对不会给人留下不良印象的人，羞答答地站在那里。

“晚安，贝多芬太太。”

“请坐，请坐。”

派意华一跨进屋子里来，一屁股就在椅子上坐下，一面抬起头来，在这空气沉闷的屋子里扫视一下：

“约翰，你那个小天才在哪里呢？路德维希·范·贝多芬在哪里呢？”

“好，我马上要他来见你。”

约翰随后大叫：“路德维希快过来，我给你请了一个老师，过来见见老师。”

路德维希穿着白衬衫和用父亲的裤子修改成的短裤，神气十足地站到了他父亲和派意华的面前。

“嘿，这孩子长得真好！过来——”

派意华放下了酒杯，抱起路德维希，放在自己的膝盖上。

一股热烘烘的酒臭直向路德维希的脸颊上冲过来。可是，路德维希倒并不觉得怎样讨厌。

“从现在开始，这位老伯就要来指导你音乐。因为，爸爸肚子里可以拿出来教给你的东西，都已经教完了！”

路德维希的父亲约翰，在音乐方面谈不上有什么才能；再就做人方面来说，每天喝得烂醉，不知自制，脾气暴躁无常，更没有半点可取的地方。

他总是挥舞着那根残酷的鞭子，硬逼路德维希去练习钢琴。不过，等到一些普通的东西教完以后，他肚子里已经空空的了，什么也拿不出来，再没有什么好教给儿子了。

“这样听来，这位老伯是一位伟大的音乐家？”

路德维希这样问。

“当然喽！派意华先生是一位中音歌手，受了格鲁斯曼剧团的聘请，才到波恩来的。他不但对声乐有研究，同时，也是一位钢琴好手，笛子也吹得相当好。说起来，实在是一位了不起的天才！”

“这样说来，在喝酒方面，也是天才吧？”

路德维希一本正经地这样问。约翰和派意华两个一听，都捧着肚子大笑起来。

“这一句问得真妙！不错，喝酒实在也真是天才，跟约翰·贝多芬一样。”派意华高兴地说。

事实上，这两个人对于喝酒，的确都是天才。

派意华这个人，不论在声乐方面，或是在乐器方面，他都有一手。他在音乐方面确实有天分。可是，他和约翰一样，生活糜烂，没有恒心，从不肯专心研究，像一个无家可归的流浪者那样，到处乱跑，到处喝酒。

所以，他在教路德维希音乐的时候，也就完全看他的兴趣来决定，有时教教，有时停停，没有规律。

这位老师的生活方式，正和路德维希的父亲约翰完全一样。大致每天总得到了深夜十一二点钟的时候，才和约翰两个，一起从酒店里回来。他们一回来，就把睡得好好的贝多芬从床上叫起来，要他去弹钢琴。

“现在，上课了，派意华老师要给你上课了，你得好好地用功呀。”

“我不，我要睡觉呢。”

“睡觉？音乐家哪里要睡什么觉的！不论白天夜晚，必须整天整夜地练习才行。”

派意华一点儿也不肯替路德维希想想。

这时，路德维希已经九岁了。从前父亲要他整夜弹钢琴，他常哭着吵着，大发脾气。现在，他的脾气已经好得多了。而且派意华的本领的确比父亲高明好几倍，又肯耐心教他。所以，这时，他倒也不觉得像以前那样难受了。

更重要的是，派意华也不会像父亲那样，拿皮鞭抽他。

“路德维希对音乐实在是有了不起的天分，小小年纪，钢琴竟然弹得这样好，这在德国是不曾有过的。”

路德维希听到派意华的夸奖，便自负地说：

“你还不知道，我在一年前，就参加过科隆的音乐会呢！尽管是那些很难弹奏的钢琴曲，我也一一圆满地结束了。”

“那是因为当时你的年龄太小，大家都另眼看待你。真正的天才，并不是天生的，而是要靠用功来造成。所以，你非得废寝忘食用功不可。同时，所有钢琴、风琴、小提琴都要学，歌也得唱好，甚至作曲也不能不学。”

路德维希听了这番话，就低头沉思起来。

从四岁开始，他就想要成为一个伟大的音乐家，这个决心一直到现在都没有改变。不过，以前只是随便想想，现在却不同了。

这时，他已有两个弟弟。一家五口靠父亲那点薪水，实在难以维持，而家里尽管这样苦，父亲还是经常沉浸在酒里，母亲的辛苦，当然有增无减。

一看到母亲操劳过度，身体一天天消瘦下去的那副衰弱的样子，路德维希的心里就非常难过。

“妈妈，我要赶快成为一个伟大的音乐家，好让你的日子过得舒服一点儿。在我还没有成功以前，妈妈，你要尽量地忍耐着。”路德维希时常这样安慰他的母亲。

在路德维希想来，成为一个音乐家，就是赶快去赚钱来帮助家庭的生计，使家里的日子过得舒服一点儿。

父亲约翰，也一直把路德维希看作一个很快就能赚钱的神童，恨不得赶紧叫他赚些演奏费回来帮助家用。

所以，成为一个音乐家，对贝多芬来说，已经是一个躲避不了的命运。

“派意华老师，我要拼命用功学习，好成为一个音乐家。”

路德维希改变了以前的态度，努力学习钢琴。

可是派意华却是个很没有规律的老师，当他高兴的时候，就整夜地要路德维希弹钢琴。在他没有兴趣的时候，尽管路德维希很想弹，他却呼呼地酣睡起来。

“这实在是一个不可靠的老师，老是不肯好好地教我，这可怎么办呢？”路德维希独自唉声叹气着。

“不过，他的钢琴真不知要好上我父亲多少倍。他有那样的本领，为什么不能成名呢？恐怕是被酒耽误了吧。”

派意华在音乐方面的天分的确很高，可是因为生活糜烂，没有恒心，一生沉沦在不规律的生活中，始终不曾接触到幸福的边缘。到了第二年的夏天，他就离开了波恩，不知又漂泊到什么地方去了。

路德维希对于这个流浪的老师，从未忘记。到了派意华上了年纪，陷入身体近乎残废的惨状时，路德维希知道了这个消息，就送了很多钱去，来报答他教了一年音乐的恩德。

到荷兰去

派意华说过，要想成为一个伟大的音乐家，对于作曲、声乐、器乐，都得一样样地好好去研究。路德维希对于这几句话，始终没有忘记过。

他想找个老师学习小提琴，便向他父亲提出要求：

“爸爸，我想学习小提琴，给我请一个老师好不好？”

到那音乐之都维也纳去，所有当时的第一流音乐家，正像百花盛开似的集中在那里。他们在那里互相竞争，互相较量本领，尽量发挥着各人的才能。可是，正处于连日常生活都有问题的艰苦环境中的路德维希，到维也纳去，根本连想也不敢想。

“好，让我去给你找找看。”他父亲这样答应了他。

就在这期间，路德维希在教会里学会了弹风琴。最初是一个叫作艾登的老人家，指点了他一点儿门路，慢慢地他对风琴就熟练起来；后来又跟一个叫作佛兰杰斯克斯的风琴名手学习。

另外，波恩的明斯德教堂的风琴手曾善，也教过他风琴。这样，他前后就跟过好几个老师学习风琴。

“贝多芬只是一个十岁的孩子，可是，他弹得比二十几岁的学生还要好。”不论哪一个老师，都这样惊叹。

在这样忙碌的学习生活中，贝多芬还独自很用功地学习起作曲来。他还把写成的曲谱拿去给那几个教他风琴的老师看。

有时候，他所作成的风琴曲谱，中间竟夹杂着一些在小小年纪的手指头所按不到的音程。

“把这样的音程放进去，你怎么能弹呢，路德维希？”一位老师这样问。

“这，等我长大了就可以弹了。”贝多芬满脸高兴地这样回答。

有一次，他父亲把一位新来的年轻的宫廷乐手佛兰芝·甘沃格·罗邦棣带到家里来。

“喂，路德维希，我给你请来了一位拉小提琴的老师。这位老师要教给你小提琴和其他乐器呢！”

罗邦棣在小提琴方面的才能，的确非常高，可是，他生就一副衰弱的体格，自从担任了路德维希的老师以后，躺在病床上的日子，实在很多。所以，路德维希虽然好不容易才得到了这个学习小提琴的机会，但是，进度并不如想象的那样快。

“我还是练习钢琴的好。”路德维希在他母亲面前，悄悄地透露了这个意思。

结果，不到一年，罗邦棣这个青年名小提琴家病故了！

到了第二年，从荷兰的阿姆斯特丹来了一个衣着朴素、态度大方的女子，到路德维希家里来访问。

“我是罗邦棣的姐姐。我的弟弟给你们添的麻烦实在太多了，我特地来致谢。同时，我想顺便到他的坟上去祭扫一下，因此，就从荷兰赶了来。”这女子满面泪痕，向初次见面的路德维希的妈妈说明来意。

“路德维希，这位是你老师的姐姐。这孩子从您弟弟那里学到了好多东西，却想不到您弟弟竟会这样快就病故了，实在太可惜了！”玛丽亚也淌着眼泪，一方面叫路德维希来和她见面，一方面诉说着罗邦棣生前的情形。

路德维希坐在母亲身旁，很有礼貌地听她们说话。可是，她们两个人的话，越拉越长，简直没完没了，他实在忍耐不下去了，就溜到邻室独自弹他的钢琴。

到底不愧为音乐家的姐姐，这位女客似乎在音乐方面也很有修养，她听到路德维希的钢琴声，感到非常惊异：

“这就是刚才那位小少爷弹的吗？弹得真好呀！那种手法，不像是一个小孩所弹出来的。真是天才哪！”

这位女客一动不动地凝神听着，等到听完路德维希的一首练习曲以后，她实在非常感动。

“夫人，像这样了不起的琴艺，也应该给荷兰人聆赏。他们听了，真不知要怎样高兴呢！我看，不管怎样，到阿姆斯特丹去开一次演奏会吧！”她很热心地劝路德维希到荷兰去演奏。

不过，贝多芬的母亲在没有和他的父亲谈过以前，不能立刻答复。

自从路德维希在科隆第一次登台演奏过以后，约翰也曾经带着他沿着莱茵河，到恩凯、杰比斯堡、本斯比尔、奥拔加塞等许多城市里，表演过他的神技。结果，约翰并没有赚到一笔理想的款子。

所以，玛丽亚对于这幼小的路德维希到老远的荷兰去演奏的事情，心里面并不大赞成。

可是，当天夜里，父亲一回来，这位女客人又提出了要路德维希到荷兰去旅行演奏的话来。

对于这次旅行，约翰把演奏收入估计得很高，所以马上答应：

“那就让他到荷兰去一次吧。”

那位女客回到荷兰，把各种手续都给办妥以后，路德维希才跟他母亲一起从波恩动身。

他们坐的船，沿着莱茵河下驶时，气候非常寒冷。

母子两个紧缩在三等舱的角落里，一路上根本没有爬到甲板上去过。

到达阿姆斯特丹的时候，母子两人都已经筋疲力尽了。

也许因为这个缘故，路德维希尽管天天接受着有钱人家的邀请，在那些大公馆里弹奏钢琴，可是，演奏的兴趣总是提不起来。

不过，他不论到哪里去演奏，大家对于他的天才都赞不绝口。

“弹得真好，是不是？小小年纪，居然能够弹奏那样难弹的曲调。”

“我看就是那些成年的名钢琴家，也要输在这孩子手里。”

在那非常暖和、设备也很讲究的沙龙里，那些贵妇都在交口赞叹着。

于是，各式各样的礼品，像糖果、糕饼、衣服等等，纷纷送来，多得不计其数。只是他们所希望的钱，却没有人送来。

路德维希现在最迫切需要的，就是钱。在穷苦中打滚，吃尽了苦头的孩子，对于那些糕饼、糖果、玩具一类的东西，完全没有兴趣。

“妈妈，我在演奏时，怎么大家都不肯给钱呢？”

“我要钱呢。有了钱的话，妈妈就不会在厨房里叹气了。”

路德维希虽然接受了人家馈赠的玩具以及糖果等礼物，却一点儿也不觉得高兴，这种关心家计的心境，的确值得同情。

母子两人，又冒着寒冷回到了波恩。

“荷兰的情形，好不好？”

每当邻居这样问时，路德维希总满脸失望地回答道：“荷兰人都很小气，这次去实在没有意思。我再也不想到荷兰去了。”

他和母亲两个人在莱茵河上乘船下驶做演奏旅行时，曾经在

心头描绘出无数的美梦，没有想到最后却落得一场空。

这样，路德维希只好跟着他的那个爱喝酒闹事的父亲，一起继续过着他们那穷得一团糟的生活。

恩师与爱友

当时的德国，分裂成为好几个国家，每个国家，各有其领主，各自支配着他们的国家。而这些领主，却都受着“神圣罗马帝国皇帝”的支配。至于这个皇帝的产生，形式上是由九个“选举侯”选举出来的。

波恩市的领主，是一个被称为“科隆选举侯”的大主教，在这个领主的下面，一共有科隆和波恩两个城市。

那时，在各地开始了一个建立德国国民剧场的运动，尤其是在维也纳和孟哈意姆两地，这个运动更是推行得有声有色。于是，那个科隆选举侯，为了要在波恩建立一座像样的国民剧场，就投下了大量资金，还召集了很多的男女艺术家。其中克丽斯汀·歌脱劳勃·尼法，就是一位很了不起的音乐家。

尼法来到波恩，是在一七七九年的十月。

“尼法这个人，是一个了不起的音乐家呢！”一个晚上，约翰这样告诉他的太太玛丽亚。

“那人的年纪，不过是三十岁左右。可是，在指挥歌剧方面来说，不论在莱比锡或是在德勒斯登，人人都知道他是位指挥好手。这次，他担任了宫廷剧场的音乐部主任，今后我们一定可以听到些很好的音乐了。”

“这样说来，他一定也会作曲吧？”

“岂止会，他早已出版了二十四支奏鸣曲及颂歌、歌曲等好些作品。同时，他的竞赛曲、单人剧、小歌剧等一些作品，也都正在上演。”

“那他真是一位出色的音乐家啊！”

玛丽亚不禁这样惊叹。

本来玛丽亚早要她的丈夫给孩子请一位教作曲的老师，所以，这时她又顺便提出来：

“要是请到这样一位老师教路德维希作曲，那真太好了。到目前为止，路德维希所学来的东西，完全是杂乱的，并不是很有系统。如果不让他正式地学习，路德维希的音乐，恐怕也只不过是一种小孩子的玩意儿而已，不会有什么成就的。”

“这是办不到的，因为那不像把酒鬼派意华，还有病人罗邦棣，随便拉到家里来那样简单。要请有名气的音乐家来教授，没有一笔庞大的学费，人家怎么肯来？”

一听这话，玛丽亚只好没精打采地低下头来。因为，在目前，一家人的温饱都有问题了，哪里还负担得起学费？

不过，她还是在想，要是能够给路德维希找到一个有本领的老师，路德维希将来的发展，一定是无可限量的。

第二天，玛丽亚就不顾一切，到宫廷剧场的后台去拜访尼法。

“我有一个请求，请您教导我的孩子路德维希音乐吧！我们这个孩子，对于音乐非常有兴趣，而且他也肯认真去学习。可是，因为请不起好老师来教他，所以，他到现在只能够弹钢琴，对于音乐还没有真正地理解。我们太穷了，实在付不起学费。所以，我想请您分点神来栽培他。不过，只要我的能力可以做得到的事情，我都愿意给您做。”

玛丽亚诚心地深深鞠了一个躬，央求尼法去教她的孩子。

尼法坐在椅子上，打量着尽管服装不好，态度却很大方的玛丽亚，说：

“你是贝多芬太太吗？关于你家路德维希的情形，我早就知道了，他是一个非常有希望的少年钢琴家。好，你不必顾虑学费的问题，叫他来学好了。我一定要尽我的能力来教他。”

尼法很爽快地接受了玛丽亚的要求。

第二天，玛丽亚便带路德维希到尼法那里去。

路德维希一到，尼法就要他坐到钢琴旁边去，要他弹奏巴哈的钢琴曲。路德维希用他很有力的手法，非常熟练地弹了一曲。

“嗯。”

尼法点点头。

“难得！难得！这样高的天分，实在惊人！现在，随便再挑一首即兴曲来弹弹看。”

尼法这样一说，路德维希又用他那灵巧的手法，弹了一曲。

“好了，你是天才！如果从此好好地学习下去，自然会慢慢进步的，那么，将来一定就是第二个莫扎特呢！”

天才，天才，这句赞美的话，路德维希不知道已听到过多少次了。

人家称他是天才的这句话，其实他已经听惯了。可是，今天听到从伟大的音乐家尼法的嘴里说出这句话来时，他的心情就紧张起来，感到一种说不出的愉快。

不过，尼法并不是一个随随便便的老师。他的教法非常严格，尽管路德维希已经累得喘不过气来，他还要教他弹风琴以及和声学等各种作曲的基本练习。

而且，只要发现一点儿不满意的地方，就要严厉地训斥。

路德维希实在受不了这种严格的训练，就向他母亲表示：

“妈妈，尼法先生那边，我不要去了。”

“为什么？”

“因为，那位老师起初对我很好，说我是天才。可是，近来他老是骂我，口口声声说我不行，没有用。”

他这样一说，一向和气慈祥的玛丽亚，立刻变得非常严厉：

“路德维希，你向来娇养惯了。大家都夸奖你是天才，这是因为人家看你是个孩子。如果你信以为真的话，那就是你的错误了。照这样错误下去，你还能成为一个伟大的音乐家吗？每位伟大的人物，都是经过千百次的磨炼才能成功的。你回想一下，你四岁的时候，挨着你父亲的鞭子，整夜弹着钢琴的情形吧！只要一想到这一段经过，我相信任何辛苦，你都该忍受得了的。”

路德维希突然醒悟了似的点了点头说：

“妈妈，我错了。尼法先生，实在是一个好老师，我不该受了一点挫折，就打消学习的念头。”

从此，他重新振作起精神，用功学习，一年以后，第一次动手作曲就创作了一首以进行曲为主题的变奏曲，而且成为宫廷的风琴手。

一天，路德维希脸色发白，眼睛哭得肿肿的，跑到尼法身边去。

尼法老师非常诧异：

“怎么了，路德维希？身体不好吗？你的脸色怎么这样苍白？”

尼法这样一问，路德维希就咬着嘴唇，低下了头去，大颗大颗的泪珠，从脸上不断地滚了下来。

“有什么事情使你这样难过？你说说看。”

尼法老师很亲切地抱起他来，放在自己的膝盖上。

于是，路德维希一面不停地抽噎，一面断断续续地回答：

“我父亲昨晚在酒店里喝醉了酒，跟人家打架，被抓到警察局里去了。刚才警察来，要我跟他一起去，让我把父亲带回来。我觉得这事情太丢脸了，实在不好意思去——”

对好胜心特别强的贝多芬来说，让他到警察局带回喝醉酒的父亲，是天大的羞辱。

“我的家，已经不像一个家了。爸爸只晓得喝他的酒，妈妈老在那里哭个不停——”

尼法知道了他家里的情形以后，就出去替他奔走，介绍他到宫廷礼拜堂去担任风琴手，每个月的薪水一百五十古尔甸。

这样，贝多芬就有了相当于他父亲半数月薪的收入。这笔收入，对于这个穷苦家庭的生计，有着非常大的帮助。不仅使路德维希可以安心地学习，而且还给路德维希带来了幸运。

快要到复活节的某一天，路德维希在礼拜堂弹完风琴，正要走出来的时候，被一个青年给叫住了。

那个青年，头上戴着一顶大学的制帽。

“贝多芬。”那青年很亲热地向路德维希招呼，“抱歉，很冒昧地打扰你，有件事想同你商量。我是波恩大学的学生，名字叫佛郎士·格哈德·潘格拉。”

“是什么事情呢，潘格拉先生？”

“有一户人家，想请你去教他的孩子弹钢琴。不知道你是不是方便？”潘格拉对着这个比他小五岁的小伙子说完了话，还深深地鞠了一个躬。

路德维希因为家里很穷，小学没有毕业就中途退学，专门研究音乐。所以，他常想，如果能够到学校读书该有多好。现在，居然有一个在大学里读书的青年，这样客气地来拜托他，他心里实在高兴极了！

“好，我随时都可以去教。”

“谢谢。能得到你的应许，实在非常感谢。请你去教钢琴的那户人家，是白朗宁家，也就是已经故世的宫中顾问官的家里。请问你什么时候可以去呢？”

“后天去吧。”

“那我就在后天下午一点钟的时候，到府上来接你。以后就请你跟我交个朋友吧！天才贝多芬肯和我做朋友，那我真是太高兴了！”

“我也很高兴，潘格拉兄。”

到目前为止，始终没有一个朋友的路德维希，竟然能够和潘格拉大学生做朋友，心里真是有说不出的高兴，几乎当场就要跳跃起来。

白朗宁一家人

过完了复活节的第二天，潘格拉照约定的时间，接路德维希去担任家庭教师。

路德维希自从担任了宫廷的风琴手以来，因为经常要在宫廷里进进出出，所以，身上所穿的，已经不是他父亲的旧衣服了。

他上身穿一件蓝色的上衣，下面是绿色的裤子，脚上穿一双打着黑色蝴蝶结的皮鞋，外面披一件锦绣的披肩。头发梳得很整齐。一顶可以折叠的帽子，夹在左手的胳肢窝里；腰里那条银制的剑带上，挂着一把短剑。

这天，路德维希就穿着这套漂亮服装，和潘格拉一起从家里出来。

一路上，两个人亲密地说说笑笑，简直像有十几年交情的老朋友。

“潘格拉，你能够到大学里去念书是多么幸福啊。”

“承你说得好。不过，我并不是一个有钱人家的子弟呢。因为家境贫穷，所以，早就做了好几处家庭教师的工作了，我吃的苦头实在不少哩。不过，我已经下定决心，一定要取得博士学位呢！”

“实在了不起！尼法先生也是一个穷苦的裁缝师的儿子呀，我还不是一样吗？”

这时，他心里在鼓励自己，将来一定要成为一个震惊世界的音乐家。

“贝多芬，希望你好好地努力！尽管是天才，如果不用功研究的话，还是一样没有用处的。让我们互相鼓励，好吗？”

两个人这样说着，就来到了白朗宁家。

到底是曾经在宫里担任过顾问的大官的住宅。这幢住宅，建筑在阳光充足的一块高地上，是一幢非常神气的住宅。

白朗宁全家，都到会客室里来欢迎贝多芬这个少年音乐家。

遗孀希莱奈·荷恩·白朗宁，是一个贤妻良母型的性情温柔的女子，她有三个儿子：大儿子克利斯托夫，二儿子斯德璜，幼子劳伦滋，都很活泼可爱，让人一看就知道她这三个儿子都是教养很好的孩子。

此外，大女儿爱列奥诺莱·白莉奇蒂，是这个家庭里唯一的小姐，性情很像她母亲，非常温柔，不但十分可爱，而且很有教养，是一个沉默而纯洁的少女。路德维希一看到她，立时感到眼前一亮，但却不敢正面看她。

“要请你教钢琴的，是这个爱列奥诺莱和她的小弟弟劳伦滋，今后要麻烦你了。”

白朗宁夫人一面这样说明，一面把她的女儿和最小的男孩子介绍给他。

爱列奥诺莱比路德维希小一岁，劳伦滋比路德维希小五岁。

不习惯上流家庭生活的路德维希，举动非常拘谨，老是低着头，但是，并没有人笑他。

主人备有茶和点心，可是，路德维希显得很拘谨，心砰砰直跳，连一口茶也没有喝。

接着，就走到钢琴前面去，要劳伦滋先练习一下，然后，再教爱列奥诺莱。路德维希发现她的手指头稍显硬直，乐谱也常常看错，但他却想不出该用什么方法来纠正她。

事实上，这时不妨拉着她的手来教，可是，要去拉这样漂亮的一位少女的手，实在觉得不好意思，同时，也觉得在礼貌上不太好。

“爱列奥诺莱，你不能这样弹，你使用手指的方法错了。要多看看贝多芬先生的弹奏方法才好哩。”

夫人指点她的女儿该怎样去学习。

白朗宁夫人很爱好音乐，同时也很有教养。

这时，路德维希想到了他的母亲玛丽亚，虽然是一个音乐家的太太，可是，因为家庭穷苦，经常要为生活操劳操心，所以根本不懂得怎样欣赏音乐。想到这里，路德维希心里非常难受。

教完以后，他就被请到了饭厅里去。

清洁而且光线明朗的饭厅桌子上，插着一瓶鲜花，那股芬芳的气息，充满了整间屋子。

菜一盘一盘地不停地端上桌子来。

路德维希对于餐桌上的规矩，一点儿也不懂，不觉慌了起来。

"这位小老师，让我来给你服务吧！请吧，这盘菜是这样吃的。"

夫人怕路德维希害羞，便悄悄地把菜的吃法教给他，同时，还把餐桌上的规矩礼貌做个样子给他看。

在吃饭的时候，夫人又不停地微笑着，和潘格拉以及孩子们，找些音乐、文学、哲学等各方面的话题随兴谈论着：

"诗人歌德是德国的国宝！贝多芬先生，歌德的诗，你一定读过了吧？我深深相信这些诗会让你的音乐更高雅美妙。我正等待着能够有一个可以和他并肩比美的音乐家出现，把他的诗句填在乐谱上去呢！"

路德维希是第一次听到人家在他面前提到歌德的名字。

尽管大家都说他有音乐天才，可是在其他艺术方面没有丝毫素养的路德维希，听了这位夫人的谈话以后，才开始注意起文学来。

“钢琴和小提琴这两种乐器，你喜欢哪一样？”

斯德璜这样问贝多芬。

“我比较喜欢钢琴。我知道我的小提琴没有你拉得好。因为，我并没有怎么练习过。”

“哪有这样的事情。用歌德的诗来谱曲，当然很好！可是，我想请你作一些小提琴的乐曲出来。”

“好，好。我去作一篇像样的小提琴协奏曲送给你。当然，歌德的诗，我也——”

路德维希立刻下了决心。

德国的诗圣歌德，从这时候开始就成了他努力的目标。但是他做梦也没有想到，他竟会有和歌德当面交谈的一天。

“妈妈，歌德的诗，我可以背出来呢！”

爱列奥诺莱这样一说，就闪烁着她那一对生动的、碧蓝的眼珠子，用她那悦耳的声音，开始朗诵起来，这真使路德维希十分惊异。

那是《浮士德》中的一节：

所有正在过去的一切，
那不过是一个形貌。
一切不曾得到满足的，
都可以在这里获得弥补。

所有难以给冠上名字的，

都可以在这里给冠上名字。

女性，将会永远的，

把我们牵引住。

这是一个多么高雅而幸福的家庭啊！

路德维希能够和这个家庭相识，他心里有说不出的高兴。

从此以后，他和潘格拉以及白朗宁一家人，成了经常接近的挚友。在少年时代就建立起来的这份友谊，使路德维希一生的心情更趋向于高洁和愉快；同时也带给他不少的安慰和莫大的鼓励。

到维也纳去

受了恩师尼法不断的指导，路德维希不但学习了音乐上的基本课程；同时，还得到了宫廷风琴手的工作地位，对于家庭生计有了很大的帮助。另一方面，又得到潘格拉和白朗宁全家在友谊上的安慰。于是，在路德维希惨淡沉闷的生活里，终于透露出了几丝和煦的春光来。

由于他天资聪明、才华焕发，所以那辉煌灿烂的前程，就在他的面前展了开来。

他更进一步的愿望，是到音乐之都维也纳去，好找机会接受举世闻名的音乐家的指导，使他的音乐技巧获得更进一步的提升。

结果，到维也纳去的机会竟来得意想不到地快。

一七八七年，路德维希刚满十七岁那年的春天，得到了选举侯的准许，实现了他到国外去进修的愿望。

到维也纳去！到维也纳去！

不过有一件事情，很使路德维希放心不下，那就是他走后，他母亲不免要感到寂寞。

“妈妈，您在我走之后，虽然会感到寂寞，但是请您忍耐一些时候。我一定会好好用功的，将来成功以后再接妈妈到维也纳去。”

玛丽亚一面替孩子做种种出远门的准备，一面流着泪叹气。路德维希就伸手去拍着母亲的肩膀，这样安慰了几句。

“不，路德维希，妈妈不会感到寂寞的。因为你这一次能够出去，对你的前途有莫大的帮助！妈妈因为太高兴了，所以才会流下眼泪来的。”

玛丽亚隐藏起她心里的难过，勉强装出了一副笑容来。

路德维希到维也纳去进修，对于母亲来说，实在是一件值得高兴的好事情，同时，也是他们这个家庭的一大光荣。不过，要这个最大的儿子别家远离，当然不免会有一种难以忍受的寂寞。她怕路德维希离开以后，这个家会冷清清的，像熄灭了灯火一样地难受。

贝多芬的两个弟弟，都是不太乖的孩子。

他的大弟弟喀斯巴·安东·卡尔，生就一副放肆的性情，很像他的父亲，不但举止粗暴，而且还很傲慢，动不动就大发脾气，常常使他母亲难过得哭起来。不过，他对于音乐倒还有兴趣，还抱着一个想成为音乐家的志愿。至于最小的那个弟弟尼古拉斯·约

翰，不仅个性倔强、自私自利，而且生就一副刁钻古怪的坏脾气。

至于她的丈夫约翰，那只有不断地让她失望、使她流泪。因为，随着年龄的增加，约翰喝了酒闹事也越来越凶：不是在酒店里打架，给警察抓去，就是醉得不省人事，倒在路边，那种胡闹的情形，简直难以使人家相信。

“妈妈等着你，路德维希，希望你能够早点把我们的这个家弄得像样一点儿，我们好过舒服日子。不管眼前是多么冷落，妈妈都会很高兴地等待着那个日子的到来。”

路德维希在他母亲那个比实际年龄还要苍老、而且非常憔悴的脸庞，接连不断地亲吻了好几下：

“我知道了。妈，我一定要让妈妈过幸福的日子。”他在母亲面前，很坚定地立下了这个誓言。

另外，还有一件使路德维希感到非常难受的事情，那就是要和好友潘格拉以及白朗宁一家人远别。

白朗宁家的公馆里，给路德维希举行了一个热闹的欢送音乐会，庆祝他这次不同寻常的旅行。

“你到了维也纳以后，不要忘记我们啊！”

长得一天比一天漂亮的爱列奥诺莱的这两句话，在路德维希心头留下了一个悲喜交加的余韵，使他永远不能忘怀：

“怎么忘得掉呢！我一定会常常想到你，而且更会常常怀念我们在一起时的往事。只要我不忘记我的故乡波恩，便不会忘记你。请你常常来信。”

这个十七岁的青年音乐家，已经不像过去那样怕羞了。

“会的，一定会常写信给你的。”

说到这里，两个人的手就紧紧地握在一起了。

已经长大成人的路德维希，对于那种爱——为爱一个人而得到的快乐，以及因为爱一个人而招来的苦恼，已经能够开始理解了。

结果，第一个在他心里悄悄地种下了爱的幼苗的少女，就是他的钢琴学生爱列奥诺莱·白朗宁小姐。

在当时的奥地利首都维也纳，海顿、莫扎特等，都是全世界闻名的音乐家，还有其他方面的艺术家，真是冠盖云集，可以说是一个开放出绚烂文化花朵的时代。

当越来越靠近维也纳的时候，未来的希望与美梦，便逐渐取代了别离的痛苦，在路德维希的心中扩散成一道七色的彩虹。

在所有音乐家中，再没有一个像路德维希那样爱好大自然了。他一到维也纳，找妥了一家便宜的客店以后，马上就出外去散步。

到后来，成为路德维希杰作之一，而且直到现在还使全世界的人们感动的《田园交响曲》，就充分说明了他是怎样地爱好自然、爱好田园。

“我所以喜欢在山上、在溪谷边、在河岸上散步，是因为可以接近神，可以和神交谈。在大自然里，会让我产生一种伟大的灵感，而作出一种不寻常的乐曲来。”路德维希曾经这样说。

到了维也纳以后，路德维希还没有去拜访他所仰慕的音乐家以前，就先去游赏维也纳的景物。

“啊！维也纳实在太像波恩了！”

路德维希站在卡伦堡上凝望着多瑙河，高兴得这样喊了出来。他面对着清风，拼命地挥舞着他的两只胳膊。

路德维希在市内租了一间公寓房间，开始用功研究音乐，并找了个机会拜访莫扎特。

可是，莫扎特并没有热心接待他。

这个当时第一流的音乐家，经常忙于作曲演奏，实在不可能为一个德国乡下来的青年，腾出太多的时间。

“我好久好久以前就一直尊敬着您。我到维也纳来的最大目的，就是想请您收我作为您的学生。”路德维希这样恭敬地请求着。

“既然这样，那就把你最拿手的乐曲随便弹一首给我听听看。”莫扎特冷淡地回答。

路德维希就坐到钢琴前面，聚精会神地弹了一曲。

“嗯，弹得很好。”莫扎特说了这么一句，就又回到他的桌子那儿作曲去了。

于是，路德维希又这样向他请求：

“请您让我再弹一首即兴曲，好吗？”

“好，你弹吧！”

即兴曲是路德维希最拿手的。当他弹奏即兴曲的时候，热情就会自然而然地奔放出来。所以，他所作的即兴曲已经到了出神入化的地步，使每一个听到的人都非常地感动。

本来莫扎特的表情十分冷淡，这时竟流露出惊叹的神色来，眼睛也闪着异乎寻常的光彩。

“你能够把即兴曲弹到这种地步，你弹钢琴的本领，实在了不起！你很可能成为一个伟大的钢琴家！”

就莫扎特来说，他已经用最高度的夸赞语句来赞美路德维希的琴艺了。接着，他又向隔壁房间的一个朋友说：

“你看着好了，这个叫作路德维希·贝多芬的青年，将来会在全世界出名的。”

就这样，路德维希成了莫扎特的学生。可是，他跟莫扎特也只学习了很短的时间。因为不久以后，路德维希就接到了波恩母亲病危的消息，匆匆赶回家了。

母亲去世以后

“路德维希，我天天惦念着你呢！”

虽然才分别五个多月，可是，母亲已经消瘦得只剩皮包骨了。

自从送路德维希到维也纳去以后，生活的寂寞，使得她原有的肺病恶化，她已经等不及路德维希接她到维也纳共享天伦了。

路德维希虽然尽了全副心力来服侍他的母亲，可是，仍然没有办法把母亲挽留在这个世界上。

“路德维希，你一定要成为一个伟大的音乐家呀！”

玛丽亚一遍又一遍地这样叮嘱她的儿子。终于，在一七八七年的七月十七日那天，停止了她的呼吸！

路德维希立时觉得掉入了一个漆黑的世界里，一切的希望和幸福都离他远去了。路德维希整天唉声叹气，连他所最爱好的音乐也没有心情去弹奏。因为他失去了世界上唯一了解他、体恤他的亲人。

路德维希的母亲去世以后，这一家的命运，就像一只快要沉下水去的船一样。

父亲还是和以前一样整天酒不离口，十三岁和十一岁的两个弟弟，当然谈不上有任何生活的能力。现在，负担家计、照顾嗜酒的父亲、抚养弟弟的重担，就落到了路德维希的肩膀上来。他努力尽职，充分表现了他对家庭的忠诚。

在路德维希沮丧万分的时候，白朗宁一家人给他非常大的鼓励。这些友情，安慰了他所遭遇的痛苦，使得路德维希的精神逐渐地振作起来，也慢慢恢复了元气，很热心地教爱列奥诺莱钢琴。

潘格拉已经在这一年的九月，到维也纳去研究医学。所以，在白朗宁家的沙龙里已经看不到他了。

在路德维希生日那天，爱列奥诺莱满面娇羞地捧着礼物来送给他。这礼物是一条非常精致的手织的领带。

在那条手织的领带上，还写着这么一首诗：

幸福和生命的延绵无极，
我今天为你祝祷；
同时对于我自己，
也有所期许。
我所期望于你的是：
千万别改变你的爱！

关于我自己，所自许的是：

宽容与忍耐。

你的朋友，同时也是学生

爱列奥诺莱·荷恩·白朗宁

贝多芬这一生都保存着这份礼物，因为在他低潮的时候，这首诗给了他很大的快乐，也给他不少的安慰，更是一个爱情的纪念。

第二年，因为波恩宫廷歌剧剧场改变组织，所以，路德维希就因这个机会，进入管弦乐团去拉中提琴。同时，他又回到原先的礼拜堂去担任风琴手。于是，他又有心情去专门研究名曲了。

刚巧这个时候，在当时名噪一时的海顿，到伦敦举行演奏会，路过波恩。于是，就在哥德斯堡举行一场规模盛大的、欢迎海顿的宴会。路德维希也受邀参加了。这样一来，他便能够和伟大的音乐家海顿见面。

“海顿，我来为你介绍，这位就是波恩未来的音乐家，路德维希·范·贝多芬。请你听他弹一曲吧。”早就非常赞佩路德维希的瓦伦秀太英伯爵这样向海顿介绍。

“路德维希·范·贝多芬，你曾经到过维也纳的，是不是？我

曾听说你亲自去求教莫扎特，接受过他的指导，当时我也听到过各方面对于你的批评。不过，恰巧那时我到别的地方工作，所以没能见到你，非常遗憾。我自己常常在想，到底你是怎样一位人物。现在请把你的大作拿出来给我看看吧！”

海顿一点儿架子也没有，态度非常和善，就像是一个慈祥的父亲。

路德维希真是感激，简直像要飞上天去那样高兴，并很快地把他自己作的乐曲，拿给海顿看。

海顿很高兴地把乐曲看了一遍以后说：

“写得真好！我很佩服。写得出这样的乐曲来的人，埋没在波恩实在可惜！如果到维也纳去好好研究的话，一定大有成就。为什么离开维也纳回到这儿来呢？”

“因为那时我母亲病危。母亲去世后又因为家里穷苦，我不做事情生活就维持不下去。所以没有办法再到维也纳去继续研究。”路德维希红着脸，很伤心地回答。

“就这样埋没在波恩，实在太可惜了。我也打算请求选举侯，拿出一笔留学费帮助他。”瓦伦秀太英伯爵这样表示。

“请你继续争取吧！我要直接指导他，一定要把他训练成一个举世闻名的音乐家。”海顿再接再厉地请求。

选举侯始终没有作声。停了一会儿以后，他的视线盯在路德维希身上：

“好吧，我给他学费就是了。”

虽然只是这样淡淡地说了一声，可是，他已经很肯定地答应了。

路德维希简直像是在做梦，因为他根本没有想到，竟会这样容易地实现了他的愿望。所以，当他定下神来时，两行眼泪就淌了下来。

很体恤他的这个领主，在两年前就已经接受了路德维希的请求，让他的父亲约翰退休后支领半薪，并将薪水直接发给路德维希，作为维持他们家庭的生活费。现在，甚至又答应了帮助路德维希到维也纳去留学。

这时是一七九〇年十二月。

不过，当然不能说走就走，因为家里面还有一位和残废相差不远的父亲和两个年幼的弟弟。

路德维希决定让大弟弟也成为一个音乐家，所以，就预先帮大弟弟找好一个学习音乐的地方。因为第二个弟弟的性情比较适宜做生意，所以路德维希就把他送到了一家药房去当学徒。另外又找了一个管家妇来管理家务。

最后，在一七九二年的十一月上旬，二十二岁的路德维希就从波恩动身到维也纳去。距离上次从维也纳回来，已经五个寒暑了。

可是路德维希做梦也没有想到，这一次的离家，居然会和这个横在莱茵河边，包围在青山碧树中的波恩故乡永别。

一代宗匠

YIDAI ZONGJIANG

一个从乡下来的无依无靠的青年，一跃而成为乐坛的宠儿。

强烈的求知欲

别离五年以后，又重新回到维也纳的贝多芬，在郊外一条肮脏的街上，租了顶楼的一个房间住了下来。因为他的学费完全由领主供给，所以不容许他有丝毫的浪费，房子一租妥，贝多芬就去请教海顿。

可是，作为一个乐坛巨星的海顿，除了教学、作曲之外，还要举行演奏会，时常忙得分不开身，因此，不可能给贝多芬什么特别的指导，也没有办法满足贝多芬的求知欲。

这个充满学习热情的学生，曾当面对老师表示过不满："我原是要向老师学习音乐的确切理论和使用方法，结果，您却用一种陈旧的、填鸭式的方法来教我，简直使我连转个身都不可能。我很想从一条崭新的道路上前进，可是——"

海顿听了，在他那上了年纪的脸颊上，浮起了一层寂寞的微笑。

一个是已过六十的老年人，一个是充满着精力，对于艺术和人生，都抱着大志和冒险精神的年轻人，这两个人不能够和谐一致是当然的事情。

“你所说的我很清楚。不过，我是一个从传统教育中培养出来的音乐家，所以总离不了陈旧的形式与格调。因此，我可能已经没有教你的资格了。贝多芬，今后我只能就一个朋友的立场对你的作品做客观的批评和表示一点儿意见。你尽管依着你自己认准的道路，勇往直前地迈进吧！”

海顿这时已感觉到自己是上了年纪的人了，就把这个学生放了手。

事实也的确如此。尽管贝多芬一直被埋没在波恩，可是，他的音乐才能和技艺，即使到了人才济济的维也纳来，也绝不会落在别人后面的。

在当时，负有盛名的钢琴名手亚培·甘列乃克，听到了贝多芬的声名，曾经向贝多芬挑战，要贝多芬和他来一次竞奏。结果，甘列乃克反倒败北！

“你并不是一个人，我想一定是一个鬼神！我差一点儿就死在钢琴旁边。”甘列乃克心服口服地承认自己失败。

可是，贝多芬脸上，却一点儿也没有显出得意的神色，反而对着甘列乃克感叹地说：“我到维也纳来，并不是来弹钢琴的。我是为了学习音乐而来的。可是，事实并不像我所想象的那样圆满。海顿先生尽管说要教我对位法，可是，因为没有多余的空闲，所以一直没有好好地教过我。”

“他老人家碰上你这样一个学生，一定也感到很为难的。好，让我来给你介绍一个好老师吧。”甘列乃克说。

几天以后，甘列乃克就带了贝多芬去看一个叫《乡村理发师》的歌剧的作者约翰·辛克。

那天，刚巧是贝多芬到海顿那边上过课以后，所以，他就顺便把海顿要他作的曲，拿给辛克看。

“你这曲作得相当好，不过，错误的地方还是有的。据我看来，你对于作曲理论还没有完全懂得。”辛克说着，就在曲谱上画了不少红线。这都是海顿漏了的地方。

“你说得很对。我虽然一再希望学习对位法，可是，海顿先生只教给我一点儿初步的东西，就没有再教下去。不过，他是我的恩师，如果没有在波恩遇到他，我就不可能到维也纳来。所以——”

贝多芬是一个不会轻易忘记恩义的人，所以，尽管不满意老师的教法，他还是不想离开。

“既然这样，那我就瞒着他老人家来教你好了。绝对不要你的学费，我到你宿舍去教你吧！”辛克主动地提出了这个建议。

“真的吗？你肯瞒着海顿先生来教我？”贝多芬高兴得跳了起来。

从此，贝多芬和辛克，就建立起了秘密的师生关系。他开始向辛克学习单对位法和复对位法。但是，等到把想学的东西统统学会了以后，他对辛克又有不满意的感觉了。

个性倔强，而且还稍微带点固执的贝多芬，可说绝不是一个老实的好学生。

辛克很机警地发现了他的这种感觉以后，就说："贝多芬，我觉得已经没有东西可以再教你了。今后，还是去请阿布雷兹日格先生教你好了。"

"好是好，不过，不是听说阿布雷兹日格先生已经是一个六十岁的老人家了吗？"

"尽管年纪大，但以作曲理论的老师来说，在维也纳要算他第一哩！"

于是，贝多芬又去跟一个新的老师学习了。

"你得从最初的一步开始学习，而且要把那些从海顿以及辛克那边学来的东西统统给我忘了才行。"

阿布雷兹日格，是教过贝多芬的几个老师中，最严格的一位。

他从最初步的单对位法开始，一直到三重对位法，把那种再复杂不过的形式不停地灌输给贝多芬。

开始的时候，贝多芬倒很有兴趣地学习。可是没有多久，他又开始厌倦这些单调的作曲理论了。贝多芬独创一格的天分，使得他对于那种拘泥于陈旧形式的研究感到不耐烦。他很想开拓一个以往所有的音乐家从没有到过的新境界。

“我要打破那些形式，我要去打开那扇还没有人打开过的门！”贝多芬在心里呐喊着。

不久，贝多芬就离开了阿布雷兹日格先生。

可是，贝多芬对于曾经指导他作品的老师仍然非常尊敬，在路上或是任何地方碰到的时候，他总是高兴得淌下热泪来，很恭敬地对待这些老师。

像一颗天上的彗星

贝多芬从一个又一个的老师那儿拼命地学习作曲，几近废寝忘食的时候，突然接到他父亲约翰在故乡波恩病逝的消息。

对于父亲的去世，贝多芬虽然感到十分悲痛，但一方面却怀着从此可以减少麻烦的心情。

“你父亲去世以后，家族抚养补助费还是可以继续发放，放心好了。”领主体念贝多芬正在求学，所以就采取了这个富于人情味的特别措施。

可是，过了两年以后，情势就大变了。由于法国大革命的关系，公元一七九四年，法军入侵波恩，德国选举侯战败弃城逃走。因此，贝多芬的留学费用以及家族生活补助费，都没有了着落。

在这种情势下，他只得自己来想主意了。

幸好贝多芬的钢琴演奏受到贵族社会和社交界的欢迎。所以教授和演奏钢琴，使他有一笔稳定的收入。

这应该归功于那位在波恩时就很热心帮他忙的瓦伦秀太英伯爵，把他介绍给喜欢音乐的贵族们，才有今天的日子。

不久，贝多芬就从郊外的住处，搬到了喜欢音乐的烈希诺夫斯基侯爵的公馆。

侯爵把一间豪华的房间让给他住，还这样吩咐他的用人说：

“我的房间和贝多芬房间的叫人铃要是同时响起来的话，你们要先到贝多芬的房间去。”从这一点就可以知道，侯爵对于贝多芬是怎样尊敬了。

不过，贝多芬并没有就此感到满足。他总想踏上维也纳的舞台，好使自己的音乐，让更多的人欣赏。

到维也纳两年半以后，贝多芬终于达成愿望，有机会到他所向往已久的白尔格剧场演奏他自己作的乐曲。

当演奏计划正进行着的时候，有一天，突然有一个青年学者来访问贝多芬。当时贝多芬正强忍着腹痛，在写一首演奏会中所要弹的协奏曲的终曲。

“恭喜你，贝多芬先生，听说你要在白尔格剧场登台演奏了！”

原来那位青年学者就是他的挚友潘格拉。

“潘格拉兄，谢谢你！这个演奏会如果能够成功的话，我就可以成为第一流的音乐家了。不过，我才到维也纳，要在剧场里演奏，实在困难重重。因为，音乐家和音乐家之间嫉妒得很厉害。”

贝多芬紧按着他阵阵绞痛的肚子回答。看他那副样子，实在相当痛苦。

“这些事情，根本用不着去想它，好好地拿出自己的力量来演奏就行了，我倒很替你高兴呢！”

“谢谢。对了，你打算什么时候回波恩去？”

“我的研究工作快要完成了，所以打算明年回去。”

“白朗宁一家人身体都好吧？我的第一次登台演奏，不能请这一家人到场来参观，实在是一件憾事。”

贝多芬是多么希望爱列奥诺莱能聆赏他的演奏啊！因为爱列奥诺莱温柔的态度和漂亮的身影，时常在贝多芬的脑海里回旋着。

“我也这么想。他们不知在怎样祈祷着你的成功呢！尤其是爱列奥诺莱。贝多芬兄，我回去后，就要和爱列奥诺莱结婚了。”潘格拉高兴地说。

贝多芬听了，深深地叹了一口气，虽然他并没有要和爱列奥诺莱结婚的意思，不过，想到一个被自己所爱的少女将成为一个有夫之妇，不由得使他感到一种说不出来的怅惘。

他很想说声恭喜，可是，话还没有说出口，就因肚子痛得厉害而倒在椅子上去了。

“怎么样了？是不是很难受？”

“从早晨起，肚子就一直痛得很厉害。”

“这怎么行呢？让我来诊查一下吧！我现在已经是一个正式

医生了。”

潘格拉替贝多芬诊查以后，知道这是因为吃坏东西引起的腹痛，并没有什么大不了的毛病，就从皮包里拿出专治肚子痛的药来，叫贝多芬吃下去。并且关切地对贝多芬说：“你不要用功过度了。预祝你的演奏会成功！”两个人紧紧地握了握手，就分别了。

贝多芬还是强忍着肚子痛，继续他作曲的工作。

演奏会的日子终于来临了，当夜的节目中，贝多芬的演奏曲目里有这样一段文字：

“大师路德维希·范·贝多芬氏自己创作的新钢琴协奏曲独奏。”

这是一个筹款救济寡妇及孤儿的慈善音乐会，每年固定在附属于宫廷的白尔格剧场内举行四次，是由音乐协会主办的。

要踏上白尔格剧场这个舞台并不是一件容易的事情。第一，非得有力量的贵族支持不可；同时，也非被选为第一流的音乐家不可。所以，贝多芬的名字，能够在舞台出现，实在可以说是一种殊荣。

这一次登台演奏，是成功的。像贝多芬这样的钢琴演奏，听众们还是初次听到。大家听得神情恍惚，完全沉醉在美妙的钢琴声中。弹奏完了以后，感动得连拍手都给忘记了。

“这样的演奏，真是第一次听到。你看那曲式多美，那指触多强！大家听得像是被卷进了热情的风暴中！”

“真的，我们的灵魂简直都被激动得颠颠倒倒了！钢琴竟然能表现那么复杂的曲调，这还是今晚才发现的呢！”

这样三三两两评论的声音，从会场的每个角落里发出来。

各大报也一致刊载出赞扬的文字：“贝多芬的钢琴协奏曲，受到了听众热烈的喝彩。”

第二天晚上也是一样，获得了全场的赞赏。

之后，又继续在白尔格剧场举行第三次演奏。这次演奏会，是替已故的莫扎特的夫人举行的，所有的收入，全部送给夫人。

贝多芬弹奏的是莫扎特的钢琴协奏曲。所谓协奏曲，是以钢琴或别的乐器作为独奏乐器，演奏时配有管弦乐伴奏的大曲，一共分为三或四个乐章。

经过了这三次音乐会，贝多芬在维也纳的地位，已经稳固了，从此，大家就以音乐家的最高荣誉“大师”这名称来称呼他。

这时，贝多芬就把他的三重奏曲以单行本出版，结果非常畅销。他的前途从此大放光明！一个从乡下来的、无依无靠的青年，竟一跃而为乐坛的宠儿了。

社交界的红人

贝多芬在有了一点儿名声和地位以后，便写了一封信给留在故乡的弟弟，希望两个弟弟能来维也纳和他共同生活。一个月后，贝多芬的两个弟弟就到了维也纳。

“啊，喀斯巴！”

“啊，约翰！”

想念两个弟弟至殷的贝多芬，当着别人的面，就和弟弟们拥抱起来，并详细地询问了波恩故乡的情形。之后便带着两个弟弟到食堂吃晚饭。

“大哥，看样子你好像很受人欢迎呢！潘格拉先生写信到白朗宁家去时，曾提到你的情形，他说你在白尔格剧场举行的演奏会很成功，是不是？”

跟他哥哥一样，也立志想成为一个音乐家的喀斯巴，多少已懂得了一点儿音乐，所以，他特别提到演奏会的事情。

“那不过才开始尝试而已，真正要有成绩，还得看今后的努力。喀斯巴，你学习的音乐，现在到了怎么样的程度？”

“大哥，在波恩那样的小地方实在没有办法学。而且，只要我动手弹琴，人家就会拿我跟大哥比较。我实在没有办法跟得上你。”喀斯巴说着，露出微微的冷笑。

“现在来到了有良好学习环境的维也纳，你可要好好用功呀！”贝多芬这样鼓励他。可是，喀斯巴只是在那里冷笑，连半句可以使他大哥满意的回答都没有。

“哥哥，你参加一次演奏会可以赚多少钱？这里的学费很贵吧？”约翰这样问贝多芬。

弟弟约翰从小就很注重金钱，完全是一种商人的性格。这种性格，由于不跟贝多芬在一起生活，就更明显了。

贝多芬心里很不自在。

“没有多少钱。如果老是在金钱上打主意，就不能成为一个音乐家了。不过，为了你的幸福而必须用钱的时候，我会给你想办法的。”

“可是，哥哥，你身上的衣服不是穿得相当漂亮吗？置备这样的一套服装，我看要花一笔钱吧！”

“那是当然喽。因为我经常跟那些贵族来往，所以不得不这样穿着。我也不能不顺从贵族社会的习惯，把头发梳得很好。”

“嗯，这样的话，收入一定很不错啦。”约翰三句话总不离金钱。

贝多芬对约翰大失所望，后来甚至感到心灰意懒。不过，不管怎样，血脉相连的感情，总还是充满在胸中，所以对于这些细枝末节，他也就渐渐不去介意了。

贝多芬为了接两个弟弟到维也纳来，就从烈希诺夫斯基侯爵公馆里搬了出来，在克罗意加塞租房子和弟弟住在一起。

跟着，就想了一个好好安顿弟弟的办法：

“喀斯巴还是继续研究作曲和钢琴，我会帮你找好老师的。至于约翰，在开药房的准备没有完成以前，你先进学校去读书，好去考取一张药剂师证书来。我们弟兄三个住在一起，各人向各人的目标去努力，好好地用功。唉，像这样愉快的生活，我已经梦想很久了……”

可是，这两个弟弟，在贝多芬这样高兴的时候，并没有一点儿表示。

喀斯巴已经学习过一段时间的音乐，但也许是天分的关系，说不定是不肯好好地去学习，所以，老是没有多大的进步。约翰对于进学校也不反对，可是，却一再地向贝多芬要零用钱，希望能够打扮得像贝多芬一样。

不过，贝多芬并不怎么去训斥他们，因为，他对于弟兄三个人能够在一起生活，已经非常满足了。同时，贝多芬的生活，实在也够忙的。

差不多每天晚上，都被那些第一流的贵族给邀请去，维也纳社交界的人们，都喜欢听贝多芬的钢琴演奏。

“贝多芬先生，现在你在作什么曲？”灯火辉煌的沙龙里，打扮得花枝招展的贵妇们，一看到贝多芬，总是会这样问。

“正在写一首新的钢琴协奏曲。”

“你说在写钢琴协奏曲，那一定又是一曲很出色的乐曲喽？”

“贝多芬先生，下一次，请你一定要弹给我们听听。”

那个做主人的贵族，也这样附和。

有时候，还有人这样招呼他：

“贝多芬先生，来，我们跳个舞吧！”

就因为常常有人这样请他跳舞，所以，贝多芬又不能不学跳舞。

贝多芬就这样成了维也纳社交界的红人，受到了各方面的热烈欢迎。

此外，贝多芬的学生也很多，因为大家都竞相向他学习。另外，他的新曲，也得时常举行发表演奏会。所以，就现在的情形来说，除非他有分身法，否则简直是忙不过来。

到了第二年 —— 一七九六年时，烈希诺夫斯基侯爵安排贝多芬到布拉格去演奏，这是贝多芬第一次在维也纳以外的地方举行演奏会。

贝多芬这次能够到布拉格去，就像一个年轻武士头一次出征一样，心里非常高兴。但是，他在布拉格却非常惦念留在维也纳的两个弟弟。

亲爱的弟弟们：

现在，我给你们写这封信，为的是要让你们知道我的身体很好，一切都很顺利。

我的艺术，已经获得了很多人的支持和尊敬，所以，我再也没有别的企求了。

至于收入方面，这次也十分可观。我在这里停留几个星期以后，还打算到德勒斯登、莱比锡和柏林。大概要在数星期以后才能和你们见面了。我是多么地想早点回去和你们见面啊！

在贵族的沙龙里也好，出席演奏会的时候也好，贝多芬到处都受到听众热烈的喝彩。所以，“维也纳的贝多芬”的名声，就很快地传布开来。

他到柏林后，也一再地在腓特烈·威廉二世皇帝的宫廷里举行御前演奏。这时的贝多芬，除了得到光荣的赞赏以外，还获得了一只装满金币的、很漂亮的盒子。

另外，在某一个地方演奏时，听众还被感动得淌泪拥到他的身边去。

所有听他演奏的人，谁也不会忘记拍手。

演奏会完毕后，返回维也纳，贝多芬连休息的空闲也没有，就马上去参加一个接一个的演奏会。到了一七九八年时，他又再度前往布拉格去演奏。其间，他仍然不断地有新曲发表。

贝多芬最突出的特点是他的每一部作品都具有强烈的个性，表现出他自己的风格。无论是在曲式、内容、节奏上，或是其他效果上，都自成一格，所以，他的作品受到各地人们疯狂的欢迎。

爱的考验

次年，是一七九九年。贝多芬叫他的两个弟弟，各自去生活，他自己也搬到了圣克脱·维泰斯广场的一户公寓里住了下来。

在一个春天的早晨，贝多芬和平常一样，正在埋头作曲时，一阵叩门声响起。

“勃伦斯比克伯爵夫人来了。”

贝多芬在作曲的时候，向来是不接见客人的。可是，今天听说是伯爵夫人来看他，他不好意思不接见了。

“请进！”

一会儿，一位全身穿着黑色服装的中年贵妇，由侍女陪着走了进来。

“伯爵夫人，真难得，欢迎，欢迎。房间里这样凌乱，真是对不起。”贝多芬抱歉地说。

贝多芬的房间里只放着一架钢琴，此外，还有些写坏了的乐谱，扔得满地都是，简直连插足的地方也没有。

可是，夫人却是和蔼可亲、满面笑容的：

“很抱歉打扰你。我知道你正忙于创作新的乐曲，同时，还得到各地去做演奏旅行，所以，不大收学钢琴的学生。不过……”

“真抱歉，勃伦斯比克伯爵夫人，正如你所说的，我再也没有时间来教人家钢琴了。”

“可是，我的孩子黛莉冉，却一心一意想向你学习，她的性格实在太倔强了，所以，我特地来当面请求，看有没有办法可想。贝多芬先生，我看，无论如何还是请你教教我女儿钢琴吧！要是教了以后，你觉得不合适，我一定会叫她停下来的……”

勃伦斯比克伯爵家，是匈牙利具有悠久历史的一家贵族。自从法国革命爆发以后，民主主义的思想虽然已经相当普及，不过，在维也纳，对于贵族还是相当尊敬的。同时，也靠了这些贵族，音乐才能继续发扬。现在，这个贵族夫人亲自登门请求，贝多芬当然不好意思坚决拒绝了。

“我知道。那就请在明天下午到我这里来一下，让我听一听小姐弹琴以后，再做最后的答复。”

第二天下午，伯爵家的小姐黛莉冉·勃伦斯比克，就夹着一册贝多芬的三重奏、奏鸣曲的乐谱，走进了他的房间。

贝多芬一看到黛莉冉，就被她那副秀美的姿容给吸引住了，一时说不出话来。他看过不少漂亮的贵族小姐，可是，像黛莉冉这样仪态大方的小姐，却是第一次看到。

这位小姐，不但气派华贵，而且比贝多芬在任何沙龙里所看到过的女子，都要漂亮多了。“好，就请你弹一曲吧！”贝多芬镇静了下来，叫黛莉冉在钢琴前面坐下，同时，又把她带来的乐谱展了开来。

黛莉冉的脸上绽开了一丝严肃的微笑，在椅子上坐了下来。她照着节拍，用全副精神按着钢琴的键子。她那绯红的脸，竟像粉红色的宝石那样，闪耀着灿烂的光辉。

“好吧，你就在我这里学吧，你弹得还不错。”

“真的吗？弹得不好，很惭愧。”黛莉冉低着头，像是很难为情的样子，满脸通红。

“你的缺点，只是你的手指头过分地往上翘，所以在按琴键的时候，手指太平；应该让手指头和键面成九十度弯曲。”

说着，贝多芬就弹了一首即兴曲给她听。

黛莉冉一方面很留心地看他弹，一方面不住地点头。

“那么，等明天中午十二点钟左右，我就到府上去吧！”贝多芬说。

他对于这个新来的学生，实在太合意了，便把黛莉冉送到门外，而且还亲热地扶她上了马车。

从此，黛莉冉没有一天中断过对钢琴的学习，每天都在继续着。

贝多芬有时教得入了神，竟忘记了时间，一直教到四五点钟的时候才休息。

“已经这样晚了！”

“我根本忘掉了时间。太迟了，真对不起您。”

“没有什么。因为我很高兴教你。”

“可是，耽误老师的时间太多了。”

时间的确耽误了不少。不过，跟黛莉冉在一起，贝多芬觉得无比快乐。他就从这快乐中，汲引出创作新曲的灵感来。因此，在回到家里以后，作曲就进展得特别顺利。

“我因为教了你，不知怎的，竟感到一种生之快乐。我想，在近期内，可能会作出一首很美的曲子来献给你。”

“哎呀，这我怎么当得起？”

“黛莉冉，我喜欢你，出自真心地喜欢。不过，我不会向你要求什么的。”一说完这话，贝多芬就回过身去，招呼也不打一个，就从她家里走了出去。

爱，会怎样地提升他的艺术，会使他的心里怎样高兴而且充实，这是贝多芬在波恩时，因为认识爱列奥诺莱·白朗宁小姐，而从他和爱列奥诺莱小姐间的友谊中，充分经验过的。

聪明而美丽的女性，不但会鼓励贝多芬，而且还会给他安慰。不过，他也知道得很清楚，他是一个很难看的青年，实在和那些女性不相配。

贝多芬是一个身材矮胖、体格结实的人。他的脖子短，肩膀宽，上面顶着一个大大的脑袋。

可是，他那对眼睛显得特别有神，脸部的表情也显得特别明朗。

那也许是蕴藏在内部的才情热力，不断地向外散发出来的缘故吧！

贝多芬清楚地知道，自己并不是一个会引起年轻女性爱慕的美男子，因此，他就把心中潜藏的爱意净化、升华，表现到他的作品中。

歌德所歌颂的“永远的女性”，是他内心中随时在追求着的对象。

不久以后，贝多芬就作成了一首献给黛莉冉的乐曲。

“黛莉冉小姐，我已经写好了两首献给你的乐曲。一首是以歌德的那首《我思念你》的诗为主题，再加上六个变奏曲。另外一首，是以给婴儿为题的长调，那是钢琴奏鸣曲。好，请你弹弹看。”贝多芬微笑着对黛莉冉说。

黛莉冉睁着她那闪烁着感谢光芒的眼睛，注视着乐谱，弹奏起那两首新曲谱。

这是纯洁之爱的倾诉。

在这使人听了感动的乐曲中，歌颂着爱的欢悦和爱的悲怆。等到弹完以后，乐曲中那种过分悲伤的余韵，却使人陷入沉痛的

迷惘中。

“这是多么美的曲子呀！像珍贵的宝石那样晶莹！贝多芬先生，谢谢你。”黛莉冉说。而她的神情，似乎在追逐消逝的余韵，带着一丝怅惘。

“应该道谢的是我，因为，竟有一位能使我写出这样曲子的朋友，这真是我的幸福。从前，我在故乡波恩的时候，曾经认识一个气质高雅、外貌也很漂亮的小姐。为了她，我也作了一首由两个乐章构成的小奏鸣曲送她。”

那就是现在大家所知道的爱列奥诺莱奏鸣曲。

“另外，我还写了一个女主角和她同样名字的歌剧叫《菲德里奥》。到现在还没发表，而是在法兰西诗人白亦亦所写的一部戏剧脚本上，给谱上的一首曲子。这是我最初写的一个歌剧。内容是描绘一个贞淑女子的英勇行为。我非常喜欢这个歌剧。”

“那个《菲德里奥》，我是知道的。它的内容是一个典狱官东恩·庇亚罗，把反对派的贵族佛洛来斯坦秘密藏在西班牙塞维拉附近的一座城里，然后，他向世人宣布佛洛来斯坦的死讯。是不是这样？”

“是的。于是，那个佛洛来斯坦的太太列奥诺莱，女扮男装，化名为菲德里奥，混进了那个牢狱里去。可是，那个要犯佛洛来斯坦被狱卒看守得很严，列奥诺莱没有办法和他接近。正在这时候，传来了一个消息说：‘司法大臣马上就要来了。’庇亚罗慌张起来，立刻打算把佛洛来斯坦杀掉。于是，便命令菲德里奥去给他挖掘墓坑；同时，跑到牢里去诱杀佛洛来斯坦。正在这千钧一发的时候，菲德里奥冒着生命的危险，冲进监狱，决意去和庇亚罗拼命。恰巧司法大臣就在这时候来到了牢里，便把庇亚罗逮捕了。这就是这个歌剧的大概情节。

“我所认识的那个爱列奥诺莱，就跟剧中的那个人一样，是一个拼着性命坚守她的爱情的人。那是我理想中的女性。现在，我倒要问你，黛莉冉小姐，你也像——”

“那么，爱列奥诺莱女士，现在怎样了？”

“她和我的挚友潘格拉博士结了婚，现在已到那遥远的考北勒脱去了。我想，我们不会再有第二次的见面机会了。可是，我跟她的友谊，是永远不会褪色的！我们一直还在通信，到现在我还爱着她，而且也尊敬她。”

贝多芬茫然地凝望着远方的幻影，很感伤地说出了他的这一段心事来。

黛莉冉·勃伦斯比克，她永远忘不掉这一天内心的激动，同时，她也祈求贝多芬，要他永远保存她的形象在他的心头。于是，她就把自己亲手绘的自画像送给贝多芬，在背面还题上了这样几个字：

“送给稀有的天才，伟大的艺术家，我的好友。”

于是，这两个人间的友谊，就成为一种绮丽的回忆，一生中互不相忘。

黛莉冉以后一直没有结婚，过了一辈子的独身生活。当她一回想到贝多芬的时候，就对着院子里的一棵树说："你来代替贝多芬吧，我们两个在这里晤谈。"

一帆风顺

贝多芬三十岁那年的春天，他在国立宫廷剧场第一次举行独奏会。这次独奏会，不论在名誉方面或实际方面，都使贝多芬成为第一流的音乐家。

“听说贝多芬就要发表他的新作品大交响曲呢！”

从前一年起，维也纳就传播着这个消息。

交响曲，是大多数的作曲家把他所有的力量都放了进去的大作品，所以也往往成为一个作曲家的代表作。

早已誉满全国的贝多芬，到三十岁才开始发表他的交响曲，所以获得了各方面热切的注意。

这天，维也纳街上，正当晚霞张开巨幕，家家户户点上灯火的时候，贵族们的马车，都向着宫廷里的豪华剧场驰去。

衣冠楚楚的绅士淑女，在辉煌的灯光下，怀着兴奋和期待的心情，来回地走动着。大家都在交头接耳，议论着今晚贝多芬的演奏，将是一个怎样动人而热烈的场面。

“听说这是花了五年的精力才写成的大曲。”

“贝多芬是一个肯下苦功的人，所以，要写到使他自己满意的地步，真不晓得要修改多少次呢！”

“我们知道，海顿是在二十三岁的时候，莫扎特是在十一岁的时候，写成交响曲的。像贝多芬这样受人欢迎的作曲家，却到了三十岁才发表，这样的作品，一定是个成熟的精品。”

“能在这国立宫廷剧场举行独奏会，这对一个音乐家来说，实在是一种至高无上的光荣！”

大家口耳传颂对贝多芬的赞美，对贝多芬的崇拜，已经到达了极点。

偌大的音乐会场，被听众挤得满满的，连丝毫空隙也找不出来。站在舞台上指挥着大管弦乐团的贝多芬，比一个征服了世界的帝王还要神气。他手里的那根指挥棒，潜藏着无限的力量和欣喜。

在楼上的观众席上，有两位小姐目不转睛地凝望着贝多芬，同时以全副精神，倾听贝多芬的演奏。

其中一位是黛莉冉·勃伦斯比克小姐。

另外一位是琪莲泰·潭查尔狄小姐。

受到了全场听众热烈的鼓掌后，贝多芬就退到后台去。这时候，黛莉冉走近他身边祝贺说：

“恭喜你，贝多芬先生！你的作品写得多好呀！”

“谢谢你。能得到你的赞美，比千百万人所给予我的喝彩还要令我高兴哩！”贝多芬一面擦着那不断流出来的汗水，一面这样向她道谢。

可是，等到一看到那个站在黛莉冉背后，正向他打招呼的琪莲泰时，贝多芬的眼睛，立刻就更显得神采奕奕了，他说：

“琪莲泰小姐，你觉得怎么样？”

“真是再好也没有。不过，太深奥了，听起来不大懂。”

十六岁的琪莲泰，坦白天真，即使跟维也纳第一流的大音乐家说话，态度也自然得像一个老朋友。

琪莲泰是潭查尔狄伯爵家的小姐，不久前才从巴黎斯德搬到维也纳来。她跟黛莉冉有亲戚关系。因为常常到黛莉冉家里去玩，所以，也就跟黛莉冉的老师——贝多芬相识了。

黛莉冉是位天生拘谨的少女，像是一朵开放在深山里的百合花；而琪莲泰却是一位生性豪放、不拘小节的活泼少女，好像一朵盛开的西番莲。

贝多芬对黛莉冉的爱情，就好像明澈见底的清水似的，完全净化了。至于新出现在贝多芬面前的琪莲泰小姐，却使他如同卷入了狂风旋涡中一样。

琪莲泰来到维也纳以后，也跟贝多芬学弹钢琴。贝多芬非常高兴，他认为教琪莲泰弹钢琴是一件乐事。原来，个性好静的贝多芬已经完全被这个个性活泼的少女给吸引住了。

“琪莲泰小姐，你为什么要说那支曲子太难？像你这样一个钢琴名手，还不能理解这交响曲，实在非常遗憾！”

“哎呀，我才学弹钢琴不久呢！贝多芬先生，请你为我写一点我能够懂得的乐曲吧！这样，我就会一百万遍、二百万遍地赞美了。”长着一头褐色秀发和一对褐色美目的琪莲泰小姐，也不管是否在众人的面前，就非常直率地这样说。

这时候，贝多芬的心，已全部被琪莲泰给占住了，观众们热狂的拍手声音，他好像完全没有听到似的，急切地问：“真的吗？我为你作曲，你真的会赞扬我吗？”

“请你为我作曲”这句话，已使贝多芬高兴得不知如何是好。

“咳，咳，琪莲泰呀！我认识了你以后，人生才像是有了春天。整个人才开始充满了生气！”

一天，贝多芬独自在屋子里绕圈子，并不断地举起胳膊来，把他那一番思念琪莲泰的心情，像一个舞台上的演员那样，在那里表演着。

他实在不能够把这思念琪莲泰的心思隐藏下去了。

接着，他就像发了疯似的，坐在桌子旁，提起笔来，写信给他的好朋友潘格拉：

“她爱我，我也爱她。爱是使我创造出更高的艺术来的粮食。受了这爱的鼓励，我正在这写一首献给我所最爱的琪莲泰的钢琴奏鸣曲。”

贝多芬果然聚精会神地，完成了一首献给琪莲泰的乐曲。

“琪莲泰，我为你写了一首非常好的乐曲。”

贝多芬像着了魔似的跳起来，并且马上坐到钢琴边去，弹起他那一首才谱成的新乐曲。

这一首乐曲，到后来就以《月光奏鸣曲》而出名，大家都认为这是贝多芬杰作中的杰作。

“听得懂吗，琪莲泰？”贝多芬热切地问。

琪莲泰把手搁在贝多芬的肩膀上，愣愣地像在追思一个无边际的梦境：

“啊！这是一首多么优雅而堂皇的曲子啊。第一乐章，使人听了，立刻会想到那照在湖上的月光；第二乐章，真像在月光下看仙子跳舞那样地快乐；而第三乐章，却使人感到有一种将被大风暴卷住的热情。谢谢你，贝多芬，我一定要把这首乐曲弹得非常好。”

“呵呵，琪莲泰，你比世界上的任何人都要了解我的心情！我的辛苦，总算得到了报酬，同时，我的爱……”

“贝多芬，我爱你！”

“你所说的爱，是指要和我结婚吗？”贝多芬终于说出结婚这两个字。

琪莲泰那一对褐色的眼睛，像是烈火燃烧般，闪闪发光。轻

轻地点了点头，投到了贝多芬的怀抱里去。

窗外银白色的月光，笼罩着大地。

人生短促艺术永恒

RENSHENG DUANCU
YISHU YONGHENG

聋了耳朵也好，瞎了眼睛也好，只要艺术不放弃我，就非活下去不可！

祸不单行

可是，这一段快乐的时期并不长久。

不久之后，琪莲泰的母亲，潭查尔狄伯爵夫人，把贝多芬叫了去。

夫人欲言又止地说：

“我是打算让我的女儿实现她的愿望的，可是，我丈夫的性情很固执，他总是不肯同意。他说，贝多芬先生在音乐方面的造诣的确很高，今天也走红维也纳，可是他的声誉，到底能够维持多久呢？一想到将来，总是不能放心——”

贝多芬听了，立刻脸色苍白，嘴唇也不断地颤动着。

从幸福的高峰，一跤跌入深渊里的贝多芬，两手捧着脑袋，低下头去，说不出半句话来。

失去琪莲泰，就等于失去他的生命！

贝多芬沉痛地走出伯爵的公馆，在街头踽踽独行着……

两年以后，他所爱的这个琪莲泰小姐，依了父母的命令，和一个还不到二十岁的加路伦彼尔伯爵结婚了。

但是，贝多芬对于琪莲泰的爱，只要那《月光奏鸣曲》不从这世界上消失，就永远不会消逝。

可是，这个创痛，一时却不可能从贝多芬的心头抹去。

幸福往往不会单独来临，犹如不幸的事总要带着一个伙伴一起光顾。

这也许是不幸的命运，故意在考验贝多芬的力量。就在这时候，贝多芬的听觉开始发生障碍。不论白天或夜晚，耳朵里老是轰隆响个不停。

耳病刚开始的时候，他就到一个叫作法兰克的医生那边去诊治。

“我看，没有什么大毛病。给你搽一点扁桃油就会好的。”

可是，搽过这药以后，一点儿也没有效果。钢琴的低音，反而逐渐听不到了。

接着，又看了两三个医师，医师们各有各的说法。

后来，贝多芬又请一个叫作亨利的名医诊治，却仍然没有效果。

对一个音乐家来说，耳朵患了听不到声音的疾病，当然是一件最难受的事情。因为，他是一个生活在声音的世界里的人，剥夺了他对于声音的判别能力，真是一件残酷的事。

他虽然沉沦在不安与恐惧中，但还是存着一种侥幸的心理，一听说加尔巴尼发明的电气治疗法治病很神效，他就立刻赶去就医。

可是，这种治疗法，对他的耳病并没有什么效果。

绝望，使贝多芬非常容易发脾气。

在这个时候，他的弟弟喀斯巴·卡尔，做了出卖他的荒唐事情，这更使贝多芬痛苦极了。

喀斯巴根本不懂得他哥哥研究的艺术，更不了解他哥哥的伟大。

他把他哥哥已经和苏黎世的出版商接洽好了的，要交给他们出版的三个钢琴奏鸣曲，瞒着他哥哥，要拿去卖给莱比锡的出版商，好拿走这笔稿费。

苏黎世的出版商来拿乐谱的时候，喀斯巴就跑来：

“大哥，这些乐曲，我已经决定卖给莱比锡的出版商了。”

“这我根本不知道，我早就和苏黎世的出版商谈好要他出版的。”

“讲好不讲好有什么关系？莱比锡出版商的稿费要比苏黎世出版商的稿费多一倍呢！”

“这不是钱的问题！我不能毁约。”

“你所说的讲好，还不是口头讲讲，我却已经和人家签好了契约哩。”

“口头谈好的，也一样是谈定了的，和契约有什么不同？”

“你怎么这样迂腐呢？”

“你自己要用钱，才会这样打算……”

“哪里，我是替哥哥着想。”

“你替哥哥打算什么？”

愤怒到了极点的贝多芬，举起了拳头来。幸而在他旁边的学生黎诗，把他给劝住了。

当然，贝多芬还是依照原来的计划，把乐谱交给了苏黎世的出版商。喀斯巴怒冲冲地回去了。

还有一个弟弟约翰，也常使这个伟大的哥哥遭受麻烦。

这个善于经商的弟弟，尽管生活方面不虞匮乏，可是，也曾经想把他哥哥的乐谱拿走，好占为己有。他的为人，比喀斯巴更冷酷。

他靠了贝多芬给他的帮助，已经在林嗣开了一家店铺；店里的生意很好，生活相当舒服。他借钱给这位把钱看得很淡的艺术家哥哥后，又跑来逼债，并且凶得要命。那样子完全和放高利贷的债主一样。

“慢慢再还你，现在没有钱呢！”贝多芬这么回答他。

“那么，哥哥，没有钱就把乐谱给我抵债好了。借的钱，总不能不还吧？我们尽管是弟兄……”

贝多芬听了，气得直冒火。同时，他又讨厌这个老是来为钱啰唆的弟弟，于是，他就把他花了不少心血所写成的作品交给了这个弟弟。

“我这个连马车也坐得起的弟弟，还要到我身上来打钱的主意。他也不向我说明白，他大概是把乐谱交给伦敦的出版商白琦了。这个家伙，是专靠吃人家的脑髓活命的。”贝多芬在他的学生黎诗面前，这样感叹。

不过，贝多芬并不因此就厌恶他那两个弟弟。那个迁居到维也纳来的爱列奥诺莱的弟弟斯德璜·白朗宁，向他忠告：

“对于喀斯巴，你要留神点才好。他到处在你的朋友面前说你的坏话；他打算离间你的朋友，叫他们不要跟你来往。”

贝多芬听了，却还替他的弟弟辩解：“我想，我的弟弟不至于做出这种事情来，恐怕是你在离间我们弟兄吧。”

贝多芬实在是过分地喜欢那两个弟弟，因此使得他终生受到了连累。他尽管为这两个弟弟受尽痛苦，但还是以爱护他们作为自己的责任。

遗 书

贝多芬不但和他所爱的琪莲泰断了关系，同时，还受尽两个弟弟在背地里不断捣蛋的痛苦；更被肠胃病、耳病等疾病苦苦纠缠着，情况实在非常悲惨。

这时候，那热闹的社交生活已不能够使贝多芬得到安慰，各种困扰也使他不能够专心一意地作曲。他陷入了痛苦与疲惫的深渊中，对于人生也就悲观起来。

“我看，你只有抛弃一切，到幽静的乡间去好好静养吧！因为，你在身心两方面都已经疲劳到极点了。”

听了修密德博士这样忠告以后，贝多芬接受了这个建议，决定到哈伊利根修托德去静养。

哈伊利根修托德面临着多瑙河，地方很幽静，是一个青山环绕的乡村。到处是宽广的葡萄园。山里有很深的溪谷，清澈的溪流在山谷里流动着。在那浓荫蔽日的树林里，有一条小路，可通

往幽静的村落里去。

贝多芬喜欢在这条小路上散步。到了后来，这条小路就被大家称为“贝多芬小路”。

贝多芬就在这村子的葡萄园里，租了一幢独建的二楼。他很希望能够在这里重新恢复他的精神。

可是，他的心老是被各种烦恼困扰着，而且，他还患有一种无法医治的耳疾。所以尽管眼前的景色非常幽美，地方也那么幽静，他仍然提不起劲儿。

“贝多芬先生，不要老是闷在屋子里，出去走一走，好不好？听听小鸟愉快的歌声！”

房主这样劝告贝多芬。

然而，贝多芬实在可怜！尽管他侧着耳朵仔细地听，所听到的仍然只是那讨厌的耳鸣！

“牧童吹笛子的声音，也听得到吧？”

听不到！什么也听不到！贝多芬关上了门，双手抱着脑袋横躺在床上。

“我的耳朵，怎会聋成这种样子？”

“那些饭桶医生，就没有本领医好我的耳朵吗？”

“音乐家成了聋子的话……”

一想到这种情况，贝多芬就觉得简直比死还要难受。

“唉，上帝，请你救救这个可怜的人吧！难道你不知道我的内心，燃烧着对人类的热爱和祈求着能够一步步地上进吗？”

“难道我真的就这样聋着耳朵死去吗？”

“既然是这样的话，那我还是自杀的好。音乐也不能听，更不能和人家快快活活地谈话，仿佛被这个世界遗弃了。这样老是生活在孤独与绝望中的话，我还是死了的好！”

好像有一只漆黑的、可怕的死亡之手，在贝多芬的面前威胁着。

后来，他便在桌子旁边坐下，提起笔来，开始写遗书。

我的弟弟们：

我死了以后，你们两个要和和气气地把我的财产平分，两个人以后要互相帮助地生活下去。

所有你们过去对不起我的事情，我都原谅你们。我在祈祷，希望你们能够幸福地生活下去。同时，要好好教训你们的孩子，要他们懂得道德才会使人幸福，而这绝不是金钱所能买到的。再见！

我要和你们分离了，实在伤心！

我心里一直怀抱着一个希望，那就是我的病总会在某种程度内痊愈……现在，这个希望已经舍弃了我！

就像秋天的枯叶一样，所有的希望都已经消失了。

唉，上帝！请你给我一个真正快乐的日子吧！只要一次也好。

但是，到什么时候才能够实现？到哪一天才能够感觉到？

不会有，不会有了！这未免太残酷了！

这篇遗书的每一个字，是像吐血般写出来的！

可是，遗书写好以后，在心灵的深处有一个声音响起，让他慢慢地燃起了生的意志。

不！自杀是违背神的意旨的。还有音乐在那里等待着我呢！等我到了不能写乐谱的时候，再死也不迟吧！

不错，这一双手，这些手指头，只要能够动，我就不能放弃那些像泉水一样喷涌出来的音乐！

聋了耳朵也好，瞎了眼睛也好，只要艺术不放弃我，就非活下去不可！

我能够忍受住这痛苦，能够渡过这个苦恼的难关，我的艺术就会有新的天地！

这是艺术家的使命。

没有苦痛的艺术，并不是真的艺术！好！活下去写乐曲吧！你已经不能替自己的存在打算，活下去的幸福，全在艺术的创作中。啊！上帝，请你赐给我忍耐的力量吧！

柳暗花明

从哈伊利根修托德回来以后，贝多芬就动手写一部大乐曲。

一个人的病痛，和心理状态多少有点关系。贝多芬从想走上自杀一途的苦痛深渊里跳出来以后，觉得这世界并不真的那么讨厌。他的病，并没有真正好起来，可是由于情绪的转变，他对于艺术的热情又高昂起来。

到了第二年——一八〇三年，他又举行了一次新作发表会，演奏神剧《橄榄山的基督》和第一、第二交响曲，第三钢琴协奏曲。接着，又参加小提琴演奏会，初次演奏他的《克罗伊彩尔奏鸣曲》。

在这段期间内，贝多芬还搬过几次家。

“我并不想享受奢侈的生活，沙龙也好，会客室也好，我都不需要。只要谁也不来打扰我，好让我创作；周围有点树木，附近有个适宜散步的地方就行。”

他常常这样说，可是，能够满足他这个愿望的地方，实在找不到，所以，他就不断地搬家。他最先从罗丹公寓搬到亚恩·狄耶·培恩剧场，跟着，又搬到奥巴田·白林。到了秋天，又搬回剧场，后来又搬回罗丹公寓去。这一年当中，他搬了四次家。

他住在奥巴田·白林的时候，开始写早已打好腹稿的《英雄交响曲》。

在五年前——一七八九年的时候，从派驻在维也纳的法国大使那里，贝多芬听到了有关拿破仑·波拿巴的种种事情。

英雄拿破仑！

“拿破仑真是一个青年英雄！我立志要在音乐方面完成的事业，他却在政治上实现了。他能够在被革命闹得天翻地覆的法兰西，建立起自由和充满着希望的民主政治，实在是一个使法国起死回生的人。让我来歌颂他的力量吧！他一定会让民众享福的。”

贝多芬不管遇到什么人，总是这样赞扬拿破仑，并且决心要献一支交响曲给他。于是，他开始埋首作曲。

这一支曲子，终于在次年——一八〇四年春天完成了。

贝多芬在这支曲谱的封面上，题上了“献给波拿巴”。当他正要把这支曲子送到巴黎去的时候，却传来一个意外的消息。

贝多芬的学生黎诗匆匆忙忙地跑进贝多芬的房间说：

“拿破仑·波拿巴，已经在五月十八日那天，在巴黎圣母院举行就职典礼，做起皇帝来了！”

贝多芬听后立刻愤怒得满脸通红。

“拿破仑做起皇帝来了？这，这是什么话！他不是说为民众而战吗？不是在施行为民众谋福利的民主政治吗？这家伙竟是个大骗子！”

“他真是一个大骗子。这样，就等于恢复过去的封建政治，到底革的是什么命，实在弄不清！”

“民众的英雄，已经失去了民众的性格，当然再也不会有什么民主政治了！”

贝多芬恨恨地说着，并且大摇大摆地走近桌子，一把抓起刚刚完成的《英雄交响曲》乐谱，把写着“献给波拿巴”的封面撕碎了，扔得满地都是碎纸片。

贝多芬睁着充满愤怒的眼睛，大声地叫喊了起来：

“唉，唉，这家伙，原来是这样一个平凡的人，为了满足自己的野心，变成了一个蹂躏民众幸福的暴君！”

不久，贝多芬在这支曲谱的封面上，改题了一行字，以代替原来的“献给波拿巴”。他写在封面上的是这样几个字：

“英雄交响曲——为祭吊某伟人的灵魂而作。”

听到了这个消息的罗白考维脱侯爵，把贝多芬请到了侯爵公馆去：

“《英雄交响曲》，让我买下来吧！我要替你在维也纳举行一次最隆重的演奏会，以表示我对你的尊敬和友情。”

贝多芬当场很恭敬地接受了。

罗白考维脱侯爵，实践了向贝多芬提出的诺言，就在他自己公馆的大厅里，邀请了贵族和对于音乐有特殊成就的音乐界人士来参加，另外，还特别邀请普鲁士皇太子来聆赏贝多芬的演奏。

这样豪华而隆重的演奏会，在贝多芬的一生中，还是第一次呢！

这一次的演奏会，使侯爵非常高兴；而那个爱好音乐的皇太子，更是听得如醉如痴，接连要贝多芬演奏了三次之多。

“虽说这是为了歌颂拿破仑而作成的乐曲，可是，战争也好，凯旋也好，民众的欢呼也好，在乐曲里却都没有出现过。”皇太子亲自向贝多芬这样说。

“我所表现的，只是一个英雄必然要经历的狂风大浪而已。”

“第二乐章的《送葬进行曲》，内容是怎样的？”

贝多芬是描写一个不可一世的英雄，为什么要接上一首送葬曲呢？当晚到场的人们几乎都提出这个问题来。

“不管是一个怎样受民众尊敬、怎样使人们羡慕的英雄，到时候，也难免要遭遇一种意料不到的悲痛命运；同时，在独自反省的时候，说不定也会感到一种悲怆的意味。这都是世界上看得到的事，也是一个英雄的心声。”

所有在座的人，当贝多芬发表这严正说明的时候，都低着头，聚精会神地倾听着。

“至于第三乐章，那是一个一度遭遇到逆境而掉下眼泪来的英雄，又从逆境中站起身来，豪气干云地在大地上奔驰的脚步声。这是渡过苦难，享受到灵魂深处快乐的人，一副很轻松的英姿。”

这不就是贝多芬本人的自画像吗？

所以，这场演奏会，从开始到结束，情绪始终非常热烈；而贝多芬的那一篇散发着热情和真诚的解释，和那《英雄交响曲》一样，紧紧扣住了在场每一位听众的心弦。

可是，像这样使他感动的场面，从此后就没有遇到第二次。

次年，贝多芬唯一的歌剧《菲德里奥》，首次搬上舞台。

这就是贝多芬献给爱列奥诺莱·白朗宁——后来的潘格拉夫人的歌剧。这也是贝多芬开始认识女性美和女性爱的永恒回忆。

可是，这次演出，完全失败！

听众对于这个歌剧，不能理解。

贝多芬感到非常难受，精神上更有说不尽的寂寞。理解他这苦恼的心境，而在旁边关心他的人，只有烈希诺夫斯基侯爵夫妇。

于是，以侯爵夫人为中心，大家就一起来和贝多芬商量，要他把这个歌剧再重新改写一下，好使大家都听得懂。

然而，充满自信的贝多芬却说：

“这完全是那个次中音歌手唱得不好的关系。所以，我这部作品，没有重新改写的必要。”

贝多芬坚持不肯修改他的作品。可是，想起烈希诺夫斯基侯爵帮助他的地方实在太多了，就觉得不便这样坚持下去，所以，当侯爵夫人一再派人来请他去商量时，贝多芬就答应换一个中音歌手来演唱。

次中音歌手虽然已经更换过，可是，歌剧仍然显得太长了，仔细听着，总觉得有些地方索然无味，使人感到沉闷。

“把那冗长的部分缩短一点儿，我想一定要好得多。”烈希诺夫斯基侯爵闭着眼睛说。

“我也这么想。我看，还是把第一幕和第二幕合并成一幕的好。”也有人赞成侯爵的主张。

贝多芬在旁边听了，全身几乎要颤抖起来。从他的眼睛里，放射出一道锐利的光来，他的嘴唇也发青了，还不住地在那里打战。

“怎么样？贝多芬，有没有重新改写的意思？”

“不改，一个音符也不能改！”

说着，贝多芬就夹起全部乐谱，站起身来，准备从沙龙里走出去。

就在这个时候，望着贝多芬的侯爵夫人，便走到贝多芬面前，像是向神祷告般的，合着双手，目不转睛地一直望着他。

侯爵夫人的脸上，展现出神圣而悲切的表情，沉默地吐露着使贝多芬灵魂折服的话。

贝多芬好像胸口挨了一拳似的，马上停住了脚步。跟着，发愣似的在椅子上坐了下来。

“贝多芬先生，请你再考虑考虑，因为大家都是在替你设想。”侯爵夫人恳切地说。

“这一点，请你不要再提了。我是连一个音符也不会改的。”贝多芬满面愁容，把手放到夫人的肩膀上。

侯爵夫人深深地叹了一口气，又说：

“你伟大的作品受到大家这样的误解，遭遇到不好的批评，难道就这样算了吗？”

“侯爵夫人，有你一个人的赞扬，我就感到很满足了。”贝多芬感动地说。

侯爵夫人听了贝多芬这几句话，脸上突然现出一副慈祥的表情，并且伸出她那纤弱的胳臂，像是要拥抱贝多芬似的：

“贝多芬先生！你这个作品很出色，绝不能让它埋没掉。这样连上帝也不会答应的，因为上帝懂得这悦耳的音乐。我相信连你母亲的灵魂，也不肯罢休。在这片刻间，我感觉到像是接受了你母亲的托付。贝多芬先生，请你改写一次吧！就算是听从你母亲的话，同时，也算是为了我，接受你母亲的主张吧！”

那说话的态度，多么慈祥！

整个沙龙里的人，都屏息凝神，没有半点儿声音。

在这寂静得没有半点儿声响的时候，那富丽堂皇的沙龙，突然从贝多芬面前消失了去，而波恩的那间阴暗的顶楼的房间，就展现在他的眼前。

他的母亲玛丽亚，眼泪汪汪地直望着贝多芬。母亲的眼睛充满着悲戚。

这对眼睛和侯爵夫人的那一对眼睛，重叠在一起。

贝多芬的眼睛里，也不禁滚出了泪珠，一颗颗地从脸颊上掉下来。

他不想让自己的眼泪给母亲看到，就伸手把耷拉下来的头发从额角向上撩起，一面很温和地说：

“好，我来修改吧。就照着你的意思修改好就是了。为了你，也为了我那不幸的母亲！”

大约在十年后的一八一四年，这个原来三幕的作品，被缩成了两幕，另外补上一个序曲而上演。演出非常成功。

替海顿老师出力

尽管因为音乐方面的意见和海顿不一致，而使贝多芬从海顿身边离去，可是，对于这位费尽心力叫自己到维也纳来的老师，贝多芬从没有忘记过他的恩德。

由于固执而不肯屈从的个性，贝多芬招致了不少误解，甚至和十分知己的朋友也会因争吵而失和。可是，当他发现自己的错误时，就会马上向人家道歉，反省力非常强。

所以，对于海顿，贝多芬从不忘记自己是他的学生，当然更不会忘了这位老师的恩德。

同时，海顿对于离开自己身边的贝多芬，还是非常爱护；所以，师生两个，往往联名参加演奏会。

有一次，贝多芬发表了一首以普罗米修斯为题的新芭蕾舞乐曲。内容是叙述希腊神话中的巨人普罗米修斯，从天上偷了火，带到世界上来。因为是阐述人类从原始时代走向文明的故事，所以，这个新芭蕾舞乐曲的内容就和海顿的《天地创造曲》很相像。

而且，这两个乐曲，是在同时演奏的，等到演奏完了以后，海顿就对贝多芬说：

“这《普罗米修斯》真好！你能作出这样的曲子来，实在使我佩服！”

这样被称赞过以后，贝多芬当然要客气一番：

“不过，老师，像《天地创造曲》那样的作品，我还写不出来呢！”

贝多芬无非是表示谦虚而已。可是海顿却并不这么想。

他认为年纪这样轻轻的，作品竟想要和他的杰作相提并论，实在太荒唐了，便大声地叱道：

“当然喽！你当然写不出像《天地创造曲》那样的乐曲来。而且，恐怕你这一辈子也写不出来呢！”

从这次以后，贝多芬和海顿两个人之间的感情变得非常恶劣，甚至断绝了来往。

可是，一听说大家要举行庆祝老师七十六岁诞辰的大型演奏会时，贝多芬就把那误会丢在脑后，跑去申请参加：

“我也要参加，让我来参加演出，好替老师祝寿。”

担任这场演奏会的总指挥莎列含列听了大吃一惊：

“你不是和老师失和了吗？据说为了《天地创造曲》那首乐曲的事情，你们的感情受了很大的影响。”

贝多芬一听，就大笑说：

“怎么能够老把那样的事情放在心上呢？而且，恩师总是恩师，我到现在还是尊敬他，而且还仰慕他呢！同时，我已经完成了好几首比《天地创造曲》还要好的乐曲。那些乐曲，尽管我自己不说它好，世界上的人却一致赞美！”

贝多芬对自己的作品充满了自信！但也的确是这样。在一八〇六年的时候，贝多芬发表了第四钢琴协奏曲，接着又写了一部小提琴协奏曲，不久，又完成了《第五交响曲》，使音乐界非常惊奇。

《第五交响曲》是一个取名为“命运”的交响曲。贝多芬在诠释这首曲子的感觉时，总是说：“这是命运敲门的声音。”这是一个克服了人世种种苦难的巨人所唱出的胜利之歌，非常豪放！

到了祝寿演奏会当天，贝多芬提早到达会场，在大厅的入口处，等候老师海顿的到达。

贝多芬一看到海顿来了，就跑到海顿身边去，在他老人家的手上，亲吻祝福，一面代表听众致辞：

“我以万分的真诚，庆祝老师七十六岁诞辰！”

这天的乐曲曲目，就是海顿的代表作《天地创造曲》。

贝多芬担任钢琴演奏，他用全副精力，为庆祝老师的诞辰而演奏。

这场难得看到的盛大的音乐会终场以后，海顿感动得老泪纵横，紧紧地握住了贝多芬的手说："谢谢你，我的格罗斯·蒙古尔！"

所谓"蒙古尔"，意思是蒙古王；"格罗斯"是大的意思。这两个意思连在一起，就成为"蒙古大帝"。贝多芬的性情像野人般粗暴，而在音乐界却拥有像帝王般的名声。这"蒙古大帝"的称号，是喜欢贝多芬的人取的。

"老师，恭喜！"贝多芬实在太高兴了，接连几次在这个寿翁的手上热吻。

"今晚，你来得太好了，真是太好了！大概今天的演奏会，在我活着的期间是最后一次吧！所以，我把这个送给你做纪念。你会接受吧？"

海顿特地叫他的学生把刚拿来的一幅铜版画交给贝多芬：

"这是我的老家，是在罗拉伍的乡下，我就出生在这样一幢以茅草做屋顶的简陋屋子里。尽管这个家不很体面，可是，一个人不管活到多大的年纪，总是恋念着老家的。这幅铜版画是一直放在我身边的珍贵物品，现在我把它送给你，希望你能够了解它的意义。"

贝多芬感动到了极点，就把这幅铜版画接了过来。

贝多芬一回到家里，就把这幅画挂好在墙上，不断地凝视；一有客人来的时候，他就介绍给客人说：

“你看，这是恩师海顿的老家。这样一个贫苦的农家，竟会诞生一个那样伟大的人物！”

虽然是一个举动粗率、禀性懒散，不管什么东西都要弄坏了才算称心的人，贝多芬对这张铜版画，却很慎重地一直保存到他死的时候。

不断地试炼

伟大的近代音乐之父海顿，也是那样器重贝多芬。所以，这时已经没有一个人可以和贝多芬相提并论的了，他已成为音乐界的第一号人物。尽管他的名声如日中天，可是，他的生活却并不幸福。

贝多芬不是一个为了钱而肯使自己出丑的人，也不是一个为了钱而会不择手段、什么事都干得出来的人。因此，他的生活一直没有舒服过。于是，为了钱，他常常伤尽脑筋。

“要是可以专心作曲，又不用愁生活的话，那该有多好。”贝多芬心里不禁这么祈祷着。

“要是有一笔固定的收入，就不必去敷衍那些贵族，也不必跟啰唆的出版商谈生意，更可以不收那些不堪造就的学生。这些事情已经把时间消磨掉了，哪里还能够以全副精力来专心作曲呢？同时，耳朵的听觉一天不如一天，身体也不好，这生命将在什么时候结束，谁又能知道呢？”

贝多芬这时正值壮年，作曲的灵感源源而来，可是，总没有时间好好地写，不免使他焦躁不安起来。

恰巧在这个时候，俾斯脱发仑王·吉洛姆（拿破仑的弟弟）送来了一个请帖：

“我们的嘉赛宫廷里，想以六百杜卡脱（约合三百英镑）的年俸，请你来担任宫廷乐长，不知道你肯不肯来？至于工作，偶尔在国王面前指挥几次乐团就够了。”

贝多芬其实并不想离开维也纳。不过，接受这个工作倒可以有很充裕的作曲时间。所以，经过再三的考虑以后，他决定接受这个邀请。

可是，维也纳的贵族们一听到这个消息，都大吃一惊：

“贝多芬如果被法兰西请去的话，就会使维也纳的名誉扫地！不管怎么样，非把贝多芬留下来不可。”

于是，就由路德尔夫大公、金斯基侯爵、罗白考维脱侯爵三个人带头，提出了一个构想：拿出一笔“名誉常年津贴”来送给贝多芬，希望他不要离开维也纳。

对贝多芬来说，维也纳是他的音乐老家，也是那些了解他、而且一直在支持他的人所住的地方。这笔“名誉常年津贴”比起嘉赛宫廷的年俸要少得多，可是，接受了嘉赛宫廷的年俸，就得离开维也纳，这是贝多芬非常不愿意的，于是，贝多芬便打消了到嘉赛去的念头。

贝多芬接受了“名誉常年津贴”以后，从此就安下心来，不再对钱操心，并且可以专心致志地作曲。可是，这只是一个短暂的好梦而已。

在一八〇九年的五月间，也就是接受津贴不到两个月的时间，法军就攻过来了。

拿破仑抱着征服全世界的野心，已经好几次进攻过维也纳。一向擅长于外交战的奥地利，每次总是运用外交，逃过了法军的蹂躏，可是，这一次，外交却失去了它的效用，于是维也纳变成了血腥的战场。

进入市内的法军，到处掠夺。于是，那些深陷在恐怖与不安中的市民，都纷纷逃到乡下去避难了。贝多芬也逃到了他弟弟喀斯巴家的地下室躲藏。

贵族们在事先都已离开了，这时的贝多芬非常冷静，每天过着单调的生活。当然，他的年金也领不到了，所以，他的生活就非常穷困。

一直到了秋天，这场战事才结束。打败仗的奥地利，被迫交出很多赔款。这样一来，贵族自身已遭遇到了破产的厄运，哪里还有力量来支付贝多芬的年金呢？

“命运要我受罪到什么地步呢？”贝多芬只有抬头望天，深深地叹息。

“好不容易才得到了一笔常年津贴，现在却又落了空，在这种情形下，哪里还有心思作曲呢？”

不过，在贝多芬的心头，又闪烁起悲壮的意志：

“不管是怎样的痛苦，都不可能征服我。我应该勇敢地走下去！”

于是，他就一面和生活搏斗，一面动手作曲。在这段困苦的日子里，他写成了第五钢琴协奏曲和被称为“告别奏鸣曲”的二十六号奏鸣曲等几个乐曲。

爱的终结

“由于蒂莱赛，我这受尽了创伤的灵魂，再一次恢复了生气。承你介绍我和她一家人认识，实在非常感谢。要是她今天在家里的话，可不可以请你通知我一下？拜托。再会！”

上面这段文字，是贝多芬写给他的朋友古赖兴秀泰英的信中的一段。

贝多芬和蒂莱赛相识，从那封信中我们可以知道，是在三年以前，经他的朋友古赖兴秀泰英男爵的介绍，在维也纳郊外马尔发戴家别墅里开始的。

蒂莱赛·荷恩·马尔发戴是大地主的女儿。她的性格非常爽朗，是一个很洒脱的女子。贝多芬看到了她，就回想起他曾经称为“不朽的爱人”的琪莲泰·潭查尔狄。

有很长的一段时间，贝多芬没有再爱过一个人而独自过着寂寞的生活，但遇到蒂莱赛以后，贝多芬再度成为爱的俘虏。

蒂莱赛也在跟贝多芬学习钢琴。

“贝多芬先生，我要买一架好一点儿的钢琴，请你先去帮我试一试！试过以后，就叫店里送来好不好？”蒂莱赛小姐托贝多芬替她买钢琴。

“好，我给你去选一架就是了。”

贝多芬回到维也纳，首先就去选好了一架钢琴，送到别墅里去。同时，还送给她歌德的《威尔海姆·马伊斯泰》和西甘尔译的《莎士比亚》这两本书。

“那架钢琴你可合意？”

“很好，谢谢你。”

“还有，我叫他们一起给你送来的那两本书，你可曾看过？我希望你多读一些好书来培养你的气质，好成为一个高尚的女性。当然，钢琴也是重要的。”

“我不大喜欢看书。还是和大家一起在沙龙里玩玩比较快乐。”

经常到马尔发戴别墅里和她玩的那些艺术家，常把蒂莱赛和她妹妹安娜两人捧得像女王那样，在她们面前说尽了奉承话。蒂莱赛非常喜欢这种生活。

她的妹妹安娜，正爱着古赖兴秀泰英男爵。

“在沙龙里谈谈玩玩当然也很好。不过，有时候也得静下来看点书。蒂莱赛小姐，我爱你。愿意让你一生自由幸福的人，除了我以外，再没有别的人了。”贝多芬鼓起勇气，向蒂莱赛这样倾诉。

他们两个，常常在别墅附近的树林里徘徊，有时也在树下的草地上休息，谈谈笑笑。

“我很喜欢乡下。蒂莱赛小姐，你有没有听过我作的《田园交响曲》？那是我在两年前写成的。”

《田园交响曲》，是使贝多芬的名字永垂不朽的名曲之一。在乐曲中，贝多芬把那些黄莺、鹌鹑、杜鹃的啼声用音乐的韵律表达出来，描绘田园优美的景致。

蒂莱赛对于贝多芬的这一番话，根本不能了解。尽管她的容貌和姿态，与琪莲泰相像，可是，性情和内涵却远不及琪莲泰。但尽管她是这样一个女性，贝多芬还是热烈地爱着她。

他对古赖兴秀泰英表示：

“我打算和蒂莱赛结婚。可不可以请你去向她的父母说亲？昨天，我已经写信给我的朋友潘格拉，要他把我的洗礼证明书寄来。”

结果，古赖兴秀泰英所带给他的是失望的回音！原来，蒂莱赛一点儿也不爱贝多芬。

为了治疗心头的创伤，贝多芬选择了蒂莱赛为对象，结果，她却使他的创伤越加深重！

“我又从幸福的山顶上，跌进了苦痛的深渊里。这种痛苦，你体会得到吗？”贝多芬痛苦地对古赖兴秀泰英说。

古赖兴秀泰英看在眼里，也感到非常难受：

“贝多芬兄，蒂莱赛是一个不适合和你结婚的女子。我相信迟早会有一个了解你、能使你幸福的女性出现的。不要太难过了！”

“对于结婚，我已经打消念头了，我不再从外界找寻幸福，我要从我自己身上去取得幸福。”

贝多芬的脸上浮起了一丝惨笑，眼里闪烁着晶莹的泪光。

他从来没有轻侮过女性，他总是以一种神圣的态度对待她们。他常常憧憬着和他自己同样崇高的女性。因此，他绝不肯写出以“荒唐的女性”为主角的歌剧。正因为这样，他对于女性的态度就非常严肃，更讨厌那种下贱的女性。他这种严峻的态度，使女性们心里不舒服，也因此使他失去了爱。

失去蒂莱赛以后，贝多芬虽然也交往了其他的女性，可是，像以前那样能使他燃烧起爱情火焰来的，却一个也没有了。

访问文豪歌德

自从失去了蒂莱赛·马尔发戴的爱以来，贝多芬变得对什么人都讨厌，在路上走路的时候，总是把帽子压得低低的，避免被熟识的人看见。

他的住处在郊外，又在城里、市内借了三幢屋子，好让人家弄不清楚他到底住在哪里，免得人家来访问他。

况且，他的耳病也更加厉害起来，和人家谈话时，总觉得不痛快。同时，失去了蒂莱赛以后，心头的创痛也影响了身体。

每天，贝多芬总是守在屋子里弹着钢琴度日子。

一天，正当他不愉快的时候，突然有一个小姐，不声不响地来拜访他。

贝多芬看见屋子的门突然间开了，不禁吓了一跳，从钢琴边站了起来。

一个容貌姣好、美艳如花的小姐，满脸堆满笑容地站在那里。

“你找谁？”贝多芬问。

“贝多芬先生，请你原谅我。我是佛朗滋·白仑泰诺的妹妹白蒂娜·白仑泰诺，是最近才来维也纳的，我打算在维也纳住一段时间。”

“哦，佛朗滋·白仑泰诺先生，我们是很熟的朋友。他的太太安东尼夫人，我和她很熟悉呢！”

安东尼夫人是一位身体多病而喜欢音乐的女性，非常尊敬贝多芬。贝多芬曾经被请到她家里去弹过钢琴，因为夫人很爱听他的钢琴演奏。贝多芬也曾经以华尔兹为主题，作成一首变奏曲献给这位夫人。

“贝多芬先生，我非常仰慕您，因此无论如何想来拜访一次。可是，听人家说，最近贝多芬先生，不管什么人都一概不见，所以，没有一个人肯陪我来。我只好单独拜访了。”白蒂娜一点儿也不感觉生疏地望着贝多芬说。

“欢迎，欢迎。你要不要听听我刚刚作成的乐曲？”贝多芬很客气地这样问。

“那我可高兴极了！”白蒂娜欣喜地说。

于是，贝多芬就坐在椅子上，开始弹唱一首以歌德的诗谱成的《君知否》乐曲，是为怀念蒂莱赛而作的。

“怎么样？好不好听？”

“那旋律多美呀！歌德先生的诗和贝多芬先生的音乐，已经完全融为一体了。”

“谢谢你。你能够这样了解，实在让我高兴！就让我来再弹一曲吧！”

这次弹的是《永远的爱之泪》。

接着，两个人就谈论起音乐和诗来。

两个人越谈越投机。白蒂娜对于音乐，确实具有一种了不起的理解力；同时，对于诗，也具有丰富的天分。

不知不觉间，窗外的夜幕逐渐低垂了。白蒂娜站了起来，贝多芬觉得就要和她分别，心里有一种说不出的难受。

“我送你回府上去吧！”

说着，两人就一起走到外面去。

一路上，两人继续不断地谈着音乐。

“我回去后，马上写信给歌德先生，把你的情形告诉他。”白蒂娜说。

“哎，你认识歌德先生吗？”贝多芬非常惊异地问。

“我崇拜歌德比崇拜任何一个了不起的国王更多。只有歌德，才是这世界的支配者。”贝多芬更进一步地赞美歌德。

从爱列奥诺莱·白朗宁小姐把歌德的诗朗诵给他听的那刻开始，贝多芬就到处去找歌德的诗来读，也因此使得他的音乐内容更加充实！

歌德比贝多芬大二十一岁，很早就被推崇为欧洲唯一的诗圣和剧圣。他住在德国中部的威马，担任着宫廷的枢密顾问官，地位相当高。

白蒂娜已故的母亲，从前曾经是歌德的爱人，所以，她对于歌德的情形，非常熟悉。

“你写信给歌德的时候，请把我怎样崇拜他、读他的诗感到怎样幸福的情形顺便告诉他；同时，把我想和他接近的情形也一起告诉他。”贝多芬渴慕地说着。

他们两个，谈话谈得太高兴了，就忘记了本来说好的只送她到门前，结果，却一起走进白蒂娜所寄居的培尔根西托克家的沙龙里去。

这天，刚巧有宴会，有很多客人在那里，大家一看到这个意外的客人的光临，都大为惊讶：

“请过来，到我们这儿来！”

不管他肯不肯，大家就把贝多芬拥到餐桌的座位上去了。

餐罢，贝多芬就高兴地弹钢琴给大家听。这种机会，实在很难得碰到。因为，贝多芬认为这些客人都和他合得来，所以，弹得也很高兴。

回去的时候，贝多芬仍不忘记约白蒂娜散步。

“白蒂娜小姐，请你明天再和我一起谈谈。我来接你，我们可以到辛白龙的树荫下去散步。”

过了几天，白蒂娜来找贝多芬，并带来一个消息：

“歌德先生有回信来了。他说你真想和他见面的话，可以和我一起到卡尔斯巴德（温泉地），或是到德披立脱（温泉地）去看他。”

“好，好，我一定要去一次。能够见到歌德是多么幸福的事啊！他的诗，不但内容和思想使人钦佩，那种韵律美也使人倾倒。”

“歌德先生对于你的音乐也非常赞赏，所以，他要我把你弹给我听过的那两支歌谣曲谱都给他送去。他说，他要把他自己从前所写的诗，重新在音乐的旋律中，用另一种新的心情来欣赏。”

“请你马上送去。另外，我还把歌德的剧本《爱古梦德》谱上了乐曲，在舞台上演唱，这些情形请你也一起报告给他知道。”贝多芬这样托她。

这个所谓《爱古梦德》剧本，是描写一个十六世纪尼德兰（现在的荷兰和比利时）的将军爱古梦德，为了要解除民众的痛苦，起兵反抗国王，结果战败被俘的情形。

这位将军的爱人克烈尔亨，想去救他，结果失败自杀。爱古梦德得到了这个消息后，知道大势已去，就在断头台上结束了他的生命。这是一部悲剧，序曲写得特别好，那种表现民众悲愤的调子，深深打动了人们的心弦，令人难忘。

不久，白蒂娜的婚期到了，她就离开了维也纳，回到了柏林去。

由于白蒂娜的从中介绍，在一八一二年夏天，贝多芬和歌德这两个伟大的天才，就在德披立脱见面了。

“经过白蒂娜小姐的从中帮忙，一再读到你诚恳的来信，我非常感谢。”贝多芬十分恭敬地向他所崇拜的诗圣表示谢意。

“哪里，哪里。说起来，我才应该感谢你呢！我的诗和剧本，都承你替我谱上了乐曲，实在不胜感谢。”

可是，说起来令人伤心，歌德说话的声音，贝多芬一点儿也没有听见。

他的耳朵，已经听不清楚别人说话的声音了。

歌德没有法子，只好把他自己要说的话写在纸上，和贝多芬笔谈。

“你的名字，我早就知道；我并不是不懂音乐，只因我的好友、音乐家彩尔泰不大提到你，所以，一直没有打算和你见面。”

“是的，我常常遭受人们的误解。”

“可是，经过白蒂娜的介绍，我改变了对你的认识。你送给我的乐谱，我听了一遍又一遍，实在非常佩服！我真想不到，这世界上竟会有这样坚强有力、丰富崇高的艺术！”

在歌德的一生中，很少这样赞扬过别人，只是当着贝多芬的面说过这一次，实在是空前绝后的。

此后，歌德一次又一次地到贝多芬的寓所去，有时候听听贝多芬弹钢琴，有时候两个人一起到郊外散步。

一天，两个人正在郊外散步的时候，皇后和一些皇家贵族，刚巧从对面走了过来。

歌德拉住贝多芬的手说："皇后和皇家的贵族们到这里来了，我们让路吧！"

贝多芬挣脱了被拉着的手说："为什么一定要让路给他们？在我们两个人面前，他们才应该让路哩。"

说着，贝多芬只管把手举起来扶着帽子，从这一群皇族当中大摇大摆地穿了过去。

他的话说对了。那些皇家贵族，果然让路给他。

歌德退在路边，很恭敬地脱下帽子，行了一个致敬礼。

贝多芬站在那里等候着歌德：

"你是一个颇受尊敬的人，不过，你对于贵族实在太客气了，我认为这是一个艺术家最卑下的行为。"

礼貌周到的歌德，被不拘小节的贝多芬给说愣了，连一句话也答不出来。因为这件事情，他们两个人的友谊，就到此为止，没有再进一步地交往下去。

歌德曾把当时的情形向别人说：

"他的才能，实在使人惊服，可惜性格有点过于粗暴。因为耳朵听不见，这种情形就更加厉害了。虽然很值得同情，不过，这样到底是得不到人家好感的。"

约翰的婚事

离开德披立脱以后，贝多芬接受了医生的意见，到其他的温泉区疗养。

可是，耳病还是没有好起来。

日子过得相当孤独的贝多芬，心里一直思念着他的弟弟，于是，他就到林嗣看小弟约翰。

约翰开着一家药房，但还是过着独身生活。

大弟弟喀斯巴已经结婚了，生下了一个孩子，取了个跟自己同样的名字。贝多芬很喜欢那个小卡尔。

“哥哥，你来了，真是难得。可是，很抱歉这里没有房间可以让你住。”约翰一见到哥哥的面就这样说。

“这房子不是很宽敞吗？”

“并不大。我把一部分租给了一个从维也纳来的医生；另外还有一个叫作戴莉西的女子也住在这里。”

一心想钱的约翰，连一个房间也没有空下来，把它们全部租出去了。

尽管这个家这么挤，可是，贝多芬太想念他的弟弟了，只要能够和约翰住在一起，心里总有一种无限的安慰。

结果，他发现约翰正在和那个叫作戴莉西的女子谈恋爱。

一个晚上，贝多芬到约翰的房间里去："我看你正爱着戴莉西，你打算和她结婚吗？"

他这样一问，约翰伸了伸舌头含糊地说：

"你看出来了？哥哥，我只不过跟她玩玩，还没有考虑到结婚呢！"

"并不打算跟她结婚，而盲目地爱着她，这是不对的。我看这女子，是一个多嘴、举止轻浮，没有教养而又长得难看的女子，对你并不适合。"贝多芬好声好气地劝阻他。

"我不喜欢你来干涉这种事，请你不要管。"

"这怎么行？你不是我的亲弟弟吗？"

"老是弟弟、弟弟的，我已经是一个独自经营着店铺的店东了。"

"就因为如此，所以我更不容许你做出这种放荡的行为来。"

"真讨厌！"

"你说什么？"

两人终于吵了起来。约翰因为他哥哥说了那女子的坏话，就故意和那女子更加亲热，而戴莉西也非常倔强地说："他这明明是在吃我们的醋，因为他没有娶到太太嘛！"

贝多芬越是要他们两个分开，他们越是亲热起来。

忍无可忍的贝多芬，想借警察的力量把戴莉西从约翰家里赶出去。于是，便去找警察商量。

约翰知道了这个消息，极力反抗，并说马上要和戴莉西结婚。因为一旦成为夫妻，就无法用警察的力量来把他们分开了。

贝多芬失望极了。可是，他还是处处替他的弟弟约翰打算："你和那样的女人结婚绝不会白头偕老的。我看，你还是到我那边去的好。我们弟兄三个人生活在一起，不是很好吗？和你的哥哥喀斯巴，还有他那个可爱的孩子卡尔住在一起。这样的话，不知有多幸福呢！这是最好的办法呀！希望你能听我的话！"

贝多芬用尽各种方法，说尽所有真心诚意的好话。可是，约翰反而发起火来："哥哥，你侮辱我的妻子吗？"

约翰对于贝多芬的一番好话根本听不进去。

贝多芬用尽心力所追求的手足之情，就这样落了空，他的一颗心难过得快要炸裂了。可是，在这段时间内，却完成了《第八交响曲》。

在前一年发表的《第七交响曲》，是支雄壮的大曲子。他灌输雄伟的生命力在这交响曲里，像狂风骤雨般急激的旋律，活跃在曲谱中。可是，《第八交响曲》却是一个非常雅静而轻松的曲子，令人听了感觉有一种隐隐的微笑，从曲子中流露出来。

“非常抱歉！我到这里来使你很不高兴，希望过去所有的不愉快，像流水般逝去。我们到底是亲兄弟，如果需要我，随时来找我好了。我在这段时间内，沾了你的光，把我的《第八交响曲》完成了。我将带着这礼物回到维也纳去。到了那边，尽管我的耳朵还没有好，还是必须去指挥管弦乐。”

当贝多芬从约翰家里走出来的时候，还是想跟他弟弟言归于好，所以，特地鼓起兴致来和弟弟握别。

“你要走了吗？”约翰却只是这样冷冷地说了一声。

约翰虽然很会做生意，对于音乐却是一窍不通。

可诅咒的耳朵

维也纳在这一段时间内，一再被拿破仑的军队占领，一直到奥地利皇帝把公主嫁给了拿破仑、建立起亲戚关系后，才算安定下来。到了一八一二年夏天，拿破仑就声势浩大地攻进俄国。他打算一举攻陷莫斯科，哪知道事情却和他的计划相反，拿破仑吃了一场大败仗，狼狈地逃回了巴黎。

于是，欧洲各国就联合起来进攻拿破仑军。一八一三年八月，联军在德国的莱比锡，把拿破仑的军队完全击溃。于是，维也纳重新获得和平。

为了要颂扬和平、振奋民众的爱国情绪，维也纳所有第一流的作曲家和演奏家聚在一起，编成一个管弦乐团，各人担任演奏自己所擅长的乐器，举行一次大型慈善演奏会。

这天的曲目，是贝多芬的《第七交响曲》和《威灵顿战胜曲》。由贝多芬担任这个管弦乐团的总指挥。

对贝多芬来说，这是他久别舞台生活的再出发。

“今天非常成功，恭喜！恭喜！”贝多芬的朋友和学生们，都这样向他祝贺。贝多芬却回答道：“对于这种颂扬战争、赞美英雄的曲子，我并不喜欢。这是他们要我写，才不得已写出来的。”

爱好和平的贝多芬，不喜欢战争。这《威灵顿战胜曲》，到后来被称为《会战交响曲》；不过，他本人对于这部乐曲并不重视。

《第七交响曲》还不错，那惊心动魄的第二乐章，简直让人连气也喘不过来。那些热狂的听众，接二连三地要求他再演奏一次。

“《第七交响曲》虽然很使听众们高兴，不过，我自己认为满意的，是还没有发表的《第八交响曲》那部交响曲。”

贝多芬对于使听众热狂的《第七交响曲》，并不怎样重视。

演奏会博得了非常好的评价，所以四天以后又继续举行。前后两次，一共收入四百英镑。

这笔收入，全部捐献给伤病官兵。

演奏会结束后，这次参加演奏会的音乐家，都觉察到贝多芬的指挥，有好些地方不大对劲。可是，大体说来演奏会还是很成功；当时听众的感动，简直无法形容。到次年——一八一四年的一月二日，又举行第三次演奏会。

接着，又举行第四次演奏会。听众们连听了几次，好像还听不过瘾的样子。对于《会战交响曲》，没有一个不听得神魂颠倒的。

这时候,《第八交响曲》也加入演奏节目,正如贝多芬的预测,没有像《第七交响曲》那样受到喝彩。

贝多芬感到了寂寞。

这当然与大家不理解他的《第八交响曲》有关;同时,这和他所挥舞的那根指挥棒和管弦乐不能配合,也有关系。

“乐曲中最低音的部分,我已经一点儿也听不到。我的演奏生涯恐怕没有几年了,这可诅咒的耳朵!”

尽管他的力量风靡了整个维也纳,可是,当他一个人独自在屋子里时,就感到一种无法形容的寂寞。

在指挥管弦乐的时候,已经显出脱节的现象;他知道,要他动手去弹钢琴,更不堪设想了。

可是,在有人请他弹的时候,又不能拒绝。因为他要是说声“因为耳朵听不见,不能弹了”,那么,大家就要认为贝多芬已经完了,更会说他已经失去了音乐家的资格。像贝多芬这样大名鼎鼎的音乐家,那些嫉妒他的人,正在那里等候着攻击他的机会哩。

他被邀请去参加军队的筹募基金音乐会的时候,尽管担心着自己的耳朵听不见,却还是在四月十一日那天,在嘉伊撒旅馆的舞台上,弹起钢琴来。

所弹的曲子,是他呈献给路德尔夫大公的钢琴三重奏曲。

演奏到了中途——

“这是怎么回事？贝多芬的钢琴？……”在会场里，不断地传出这种交头接耳的声音来。

“我的天，让人听得受不了呢！”

“弹到强音的时候，只是弹出了一阵吵闹的声音来；弹到弱音的时候，又弹得太轻了，一点儿也听不到。”

当然，这些低声细语的批评，贝多芬是不会听到的，可是，他观察会场上听众的表情，心里就明白了。

他所弹的曲子，他自己根本听不到！

一点儿办法也没有了吗？

他越是着急，演奏越显得差劲。

从前，曾经以他那样的神技，使人们听得神魂颠倒的钢琴大师，现在已经不能够使人沉醉了。

“钢琴是不能弹了，再弹只会惹人笑话！我要从钢琴的舞台撤退了！”

话尽管说得这样坚决，可是，贝多芬对弹钢琴的心仍然没有死。辉煌富丽的舞台，始终吸引着他，不让他离开。

这天晚上，贝多芬趴在钢琴上，整整哭了一夜。

从四岁以后的四十个年头，没有片刻不在钢琴的声音中度过的，现在竟要永远和它告别了！

一个再也不能弹奏钢琴的音乐家，这种悲痛当然不难想象；天下还有比这更惨痛的遭遇吗？

不过，经过这场惨痛以后，不久，隔海照射过来了一道好像是来拯救他的曙光。那就是巴黎的陷落。

曾经那样不可一世的拿破仑，征服世界的好梦终告幻灭，被流放到了地中海的一个孤岛上去。

在《英雄交响曲》以后，贝多芬所作的《送葬曲》果真成了描写英雄末日的一支乐曲。

于是，就从这年的九月起，在维也纳召开国际会议，各国的皇帝、大臣、军人等大人物，都先后赶到维也纳来参加会议。维也纳的热闹情形，不难想象。

贝多芬的名声，这时已经传遍了世界各国，所以，他受到了各国大人物们近乎崇拜的尊敬。

“无论如何，一定要趁这个机会聆赏贵国伟大天才音乐家的演奏。”大家都向奥地利政府请求。

于是，就在政府的主持下，举行了贝多芬的演奏会。各国的王公贵族，大家都蜂拥而来，六千多名听众，把会场挤得水泄不通！

这是贝多芬一生中最盛大的演奏会，也是他最后一次的光荣。

曲目是《第七交响曲》和新发表的《光荣的一瞬》，最后是《威灵顿战胜曲》。

每到一场演奏终了的时候，拍手的声音，震动屋瓦。大家都感叹：“这样的演奏会，还是第一次听到呢！”

俄国的皇后感动得对纳尔锡金侯爵说：“这真是了不起的乐曲！了不起的演奏！今天晚上听到的这一场演奏，我将永难忘怀。”

俄国皇后极力赞扬贝多芬，同时还赏赐了二百金元给他。

这时的贝多芬，已经不是维也纳的贝多芬，而是国际社交界的红人了。

演奏会一共举行了两次，门票收入很可观，而且也有许多听众赠送珍贵的礼物，因此，贝多芬贫苦的问题暂时获得解决。

可是，这只是一段很短时间的光荣。因为这时突然传来了拿破仑从厄尔巴孤岛脱逃的消息，于是，国际会议停摆，来自各国的人们，都纷纷离开了维也纳。

贝多芬的荣光，也就跟着消失了。不久，又接到了他的弟弟喀斯巴病危的消息，贝多芬再度陷入了苦难。

照料遗孤

贝多芬赶紧赶到了他弟弟的病榻边去。

“哥哥……”

卡尔睁着那一对没有神的眼睛，望着贝多芬：“正当你忙碌的时候把你请了来，实在对不起。”

贝多芬根本什么也没有听到。

“喀斯巴，好好养病吧！”

贝多芬握着他弟弟那双瘦成了一把骨头的手，不禁掉下热泪来。

他一回想到过去，这个弟弟拼命捣他的蛋，他气得曾经要打他。不过，那也只是一时的气愤，手足之情到底不是随便切断得了的。在贝多芬心里面，从来没有憎恨过喀斯巴这个弟弟。

“我的确做了些对不起你的事情，请你原谅我！”喀斯巴也泪流满面地说。

贝多芬虽然听不见他弟弟的话，可是却不断地点头。

喀斯巴也是个不幸的人。他自生下来就多病，除了吃尽贫困的苦头以外，还遭遇了一场婚姻方面的失败。他的太太，是一个性情倔强的女子，常常欺侮喀斯巴，整天骂声不绝，从没有尽到一个妻子的责任。

“给哥哥添麻烦，我心里也实在过意不去；不过，除了哥哥以外，再也没有可以托付的人了，卡尔这个孩子，要请你照料……”

说到这里，喀斯巴就从枕头底下取出一封早已写好的遗书，交给了他哥哥。

遗书是这样写的：

我指定我哥哥路德维希，为我的孩子的监护人。

我所最尊敬的是我的哥哥，他以兄弟间真挚的感情，一再帮助我。

从今以后，我也希望哥哥本着这副仁厚心肠，照顾我的孩子卡尔。

我深信我的哥哥路德维希，绝不会把我的请求置之不理的。

贝多芬读完弟弟的遗书以后，又紧紧地握着喀斯巴的手：“喀斯巴，你放心好了，不管怎样，你唯一的孩子卡尔，我一定会尽力抚养他的。我会把他当作亲生的孩子那样爱护！”

在喀斯巴瘦削的脸上，浮起了一层安心与感谢的微笑，他安详地死了。

贝多芬尽管和喀斯巴有过许多不愉快的事情，可是，现在喀斯巴竟不把后事交托给有钱的弟弟约翰，而信任既没有结婚，更没有财产的自己，使他感动得热泪盈眶。对那个丧失了父亲的卡尔，他更觉得可怜。

他下了决心，不管怎样辛苦，都要把卡尔这个孩子好好抚养长大，来报答喀斯巴的托付。

至于喀斯巴的太太，性格放荡，把家里弄得乱七八糟，所以根本没有教育孩子的资格。

看她这种生活方式，替孩子的将来着想，实在不放心把孩子交给她。于是，贝多芬就想把卡尔接到身边去教养。可是，他又替孩子的妈妈设想：

“这女人不管怎样坏，可是母亲到底是母亲，让她孤零零地生活也是够可怜的！就暂时让孩子留在她身边，由她去抚养吧！”

贝多芬因为同情孩子的母亲，便向她说明自己的意思：“喀斯巴的遗嘱里，写明是要我来抚养孩子的，所以，迟早我要把孩子接去抚养。等你把你自己的事情处理好以后，我就来把孩子接去。”

贝多芬好声好气地这样说完，想不到那女人竟倒竖起双眉，厉声粗气地回答：“哼！我丈夫的遗嘱，那样的东西究竟有什么用处？你想把我的孩子带走，不妨试一试！我一定要跟你打官司的……”

她根本不把丈夫的遗嘱看在眼里，所以，贝多芬善意的建议，她连理也不理。

“没有想到，你竟是这样一个不明事理的人，我的一番同情完全白费了！现在，我马上把卡尔带走……”

贝多芬说着，就从那寡妇手里把孩子夺了过来，带回自己的家里去。

孩子虽然带回来了，可是，过惯独身生活的贝多芬，实在照顾不了他。

孩子因为太寂寞了，便不停地吵着：“妈妈，我要回到妈妈身边去。”

卡尔老是这样哭闹着，让贝多芬实在很为难，只好尽量买玩具和糖果给他。

这样下去，哪里能够安心作曲？

贝多芬的好朋友白朗宁看到这情况，就劝他说：“喀斯巴尽管是你的弟弟，可是，你们两个人的性格完全不同。现在，卡尔这个孩子很像他父亲，也一样没有什么可取的地方。而且，他还有那么一个妈妈在世，今后的麻烦，我看不知还有多少哩！所以，依我的意思，还是不要抚养这孩子的好。”

白朗宁的一片好心，贝多芬并没有接受。可是，把这孩子带在身边，对贝多芬来说，也的确不是一件简单的事。

尽管很苦，贝多芬还是不忍心把孩子送还给他母亲。因为他认为这孩子回到他母亲身边，一定会沦为不良少年。

过了不久，贝多芬就把卡尔送进了迦太杰伏·德尔·李奥所经营的教育园里去。这所教育园，是李奥全家人所经营的男童学塾，设备很好，在当时很有声望。

“我会让你一个月和你母亲见一次面的。要好好听老师的话，用功读书。我也会常常买些好吃的东西给你送去。”

贝多芬依依不舍地抚弄着卡尔的头，卡尔却噘起嘴，歪着头，连话也不答。

这样做，贝多芬总算得到了一段短时间的安心。卡尔的母亲，为了要夺回这孩子，就到法院去告了一状。

贝多芬不得不一再到法院里去应讯。

“我抚养卡尔，是遵照我弟弟的遗嘱。那份遗嘱，我现在也带在身边。如果卡尔的母亲能够规规矩矩地过日子，我总不会不顾及她的反对，而非要把卡尔接到我身边不可。可是，这女人的生活，实在胡闹得不像话，完全没有教育孩子的资格。这样下去，不但我那死了的弟弟在地下不能瞑目，同时，还会败坏我们贝多芬家的名声；而且，也一定会把这个孩子的前途给断送了。请庭上还是判令我把卡尔这孩子带在身边，由我来负责抚养他吧！”

贝多芬在法庭上，理直气壮地说明经过情形。

可是，法庭对于这个案子的判决，拖延了好多日子，不能使贝多芬马上获得满足。

在这期间，贝多芬很不放心卡尔，就迁居到教育园附近的兰德秀拉赛住下来，可说是用尽心思来照料这孩子。

哪知道到了次年，卡尔被教育园勒令退学。

被赶出来的理由是：

“我们已经尽了最大努力，可是，这个孩子实在不堪造就。如仍准他在园里读书，对于别的孩子，可能发生不好的影响，所以，请来接他回去。”

贝多芬很失望。但是他并没有责备卡尔，就把他领了回来。

“算了，还是跟伯父在一起好好地过日子吧！”

贝多芬反而这样安慰卡尔。可是，不到三天，卡尔就从家里逃了出去。

“卡尔不在了，他跑掉了，你们能不能帮一点儿忙？”

“你那么喜欢他，他怎么会跑了呢？”

李奥家里的人，都很同情贝多芬，但却弄不明白卡尔逃走的原因。

贝多芬两眼充满了泪水说：“卡尔不喜欢我。”

和社交界已经疏远，在恋爱中完全惨败，而且耳朵又听不见，演奏会也几乎不能出席的贝多芬，只有困守在屋子里，把全副精神放在作曲上，或者是出去散散步。他这时候的生活非常潦倒，

所以对于衣着也不怎么修饰。

他的蓬松散乱的头发上，满是灰尘，头上戴着一顶走样的帽子，身上穿了一件肮脏的衬衫，外面套一件掉了纽扣的上衣，下身穿着一条未烫的裤子，到处随便乱跑。被警察误认为无业游民，给带到警察局里去。

尽管他极力辩解："我是贝多芬呢！难道你不认识音乐家贝多芬吗？"

"贝多芬那样的音乐家，身上的衣服怎会穿得像个叫花子！"警官哪里相信他的话，就这样回答他。

他就像疯了似的吵闹起来："既然这样，你去把维也纳诺依雪泰德的音乐顾问请来！"

警察听他这么一说，真的把公爵请了来，才知道他的确就是贝多芬。公爵马上派人给他送来一套整齐的服装，同时，市长也派市政府的马车来接他，一时闹得全市的人们几乎没有一个不知道。

尽管遭遇到这样的麻烦，可是，他对于衣着还是一点儿也不去注意。

卡尔就是不喜欢他这副样子：

"我跟伯父一起在外面走，实在很不好意思。所有街上的人和一些朋友，都睁大着眼睛望着他。"

卡尔说的这一番话，倒也是事实，这孩子不喜欢贝多芬的原因，就在这里。

“孩子的年纪到底还小，大概不会逃到很远的地方去，一定是回到他母亲身边去了。你到你弟媳那边去看看，也许会有点消息。”

被李奥家里的人这样一提醒，贝多芬才想到了找寻卡尔的线索。

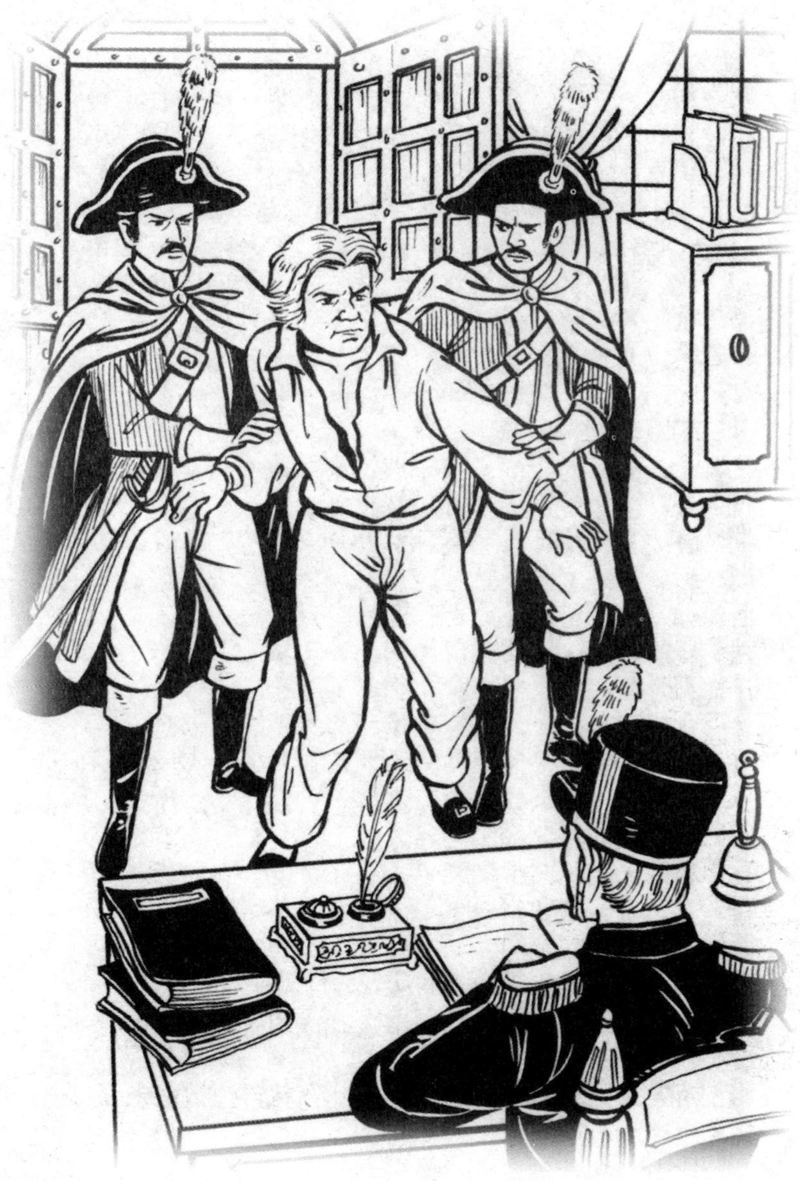

重 逢

关于抚养卡尔的这场官司，越来越复杂，法院的判决，有时候采纳贝多芬的意见，有时候同情卡尔的母亲。于是，有时，卡尔到伯父身边来，有时又回到母亲那里去，翻来覆去，总没有一个结论。到了一八二〇年，才算把这问题解决了，贝多芬获得胜诉，卡尔才算由贝多芬正式抚养。

他的弟弟是在一八一五年去世的，所以，这场官司前后打了五年才算结束。这时候，卡尔已经是一个十三岁的少年了。贝多芬把他带在身边，供他上学。贝多芬这时才算安心下来，关在房间里，动手写他的作品。

当然，在这以前的那段时间，他并没有闲着。

那时候，他写出了钢琴奏鸣曲的第二十八、二十九、三十等许多留传在音乐史上的杰作。另外，还接受英国出版社的委托，给民谣谱了许多乐曲。

在这些乐曲中，到今天还被大家普遍地歌唱着的民谣——《忠实的乔》，也是其中的一首。歌词是：

到什么时候，才能够回来呢？我忠实的乔！

我可爱的人儿啊！等到树木的叶子萎黄的时候，我就会回来的。

这样婉转美好的歌词，再配上那哀伤幽雅的曲子，使听到的人，没有一个不充满感伤的。

“我过于疲倦了。我尽管只打算一个人过着清静的日子，哪想到会有那么多的麻烦，接连不断地来困扰着我，我真受不了。照这样下去，我的身体，不就要像一部损坏了的机械了吗？”

贝多芬向辛德莱这样诉苦。

本来一直在他身边的学生费尔纪南德·黎诗，这时已成为一个第一流的钢琴家，正在欧洲各地做演奏旅行。

黎诗是从前波恩宫廷小提琴家的儿子。在波恩的时候，贝多芬曾经从他父亲老黎诗那里学过小提琴。

老黎诗要把他的儿子培养成一个出色的音乐家，可是，因为家里实在太穷，没有什么方法好想，便写了封信，拿出一些旅费，叫他的儿子费尔纪南德到维也纳来要求贝多芬帮忙。

没有忘记从前的师恩的贝多芬，很高兴地接受了这要求，

除了在生活方面尽力帮助他以外，还在百忙中抽出时间来，很诚恳地教黎诗弹钢琴。

因此，本来天资就很高的黎诗进步得很快，到后来终于成为一个第一流的钢琴家。

自从黎诗离去以后，替代黎诗、忠实地服侍着贝多芬、诚恳地照料着贝多芬的，是安东·辛德莱。

辛德莱本来研究法律，自从认识贝多芬以后，被贝多芬的人格给感化了，于是撇下法律，专心学习钢琴。同时，他更牺牲自己的时间，服侍这个身体不好、行动不方便的老师。

从此以后，辛德莱就形影不离地跟随在贝多芬的身边。因此就被大家称为“贝多芬的没有薪水的秘书”。

“老师，你为了工作，不怕弄坏了自己的身体。为了卡尔的问题，你遭遇了很大的麻烦。你的身体本来就不好，肠胃病刚好，胸部又不舒服起来；胸部才好，跟着又患了风湿神经痛；风湿好了，黄疸病接踵而来；连续不断地这样那样闹着各种病痛。要是普通人的话，早已被这些病魔给拖垮了。可是，你在病中还是照样作曲……”

“如果把音乐从我身上拿开了，剩下来的还有什么呢？疾病，我是绝对不会向它低头的。”贝多芬坚毅地说。

“不过，要是不保重身体的话……”

辛德莱很难过地望着贝多芬。这时候的贝多芬已经五十一岁了。他的头发白了，背也弯了，更因为他不太注意修饰，所以，看上去比他实际的年龄还显得苍老。

一天，女佣进来说有客人来访。

“加路伦彼尔伯爵夫人——”

一听到客人的名字，贝多芬立刻就显露出一种惊愕的神色，从那凹陷了下去的眼窝里，闪出一道光芒来。

不一会儿，女佣带进来的就是被贝多芬称为“不朽的爱人”，而把那首著名的《月光奏鸣曲》呈献给她的那个琪莲泰·潭查尔狄。

他们两个见面后，彼此目不转睛地凝望了好一阵。

这次是别后二十年的重逢！当年的一对爱人，现在都完全变了样子！

那个讲究服饰、爱好整洁、有着宽阔的前额和一对闪烁着锐利光芒的眼睛的青年，现在竟成了一个满身肮脏的小老头儿！当年那个长着一对褐色的眼睛和头发，像一朵西番莲般的伯爵小姐，现在也已变成一个面容憔悴、像一朵萎谢了的花一般、失去了魅力的女人！

“贝多芬先生！”

琪莲泰这样叫了贝多芬一声。可是，这沙哑的声音，已不是她过去的爱人所能够听得到的。

辛德莱看到了这情景，就把一本杂记本放在夫人的面前。

“贝多芬先生，我的婚姻很不幸。我丈夫加路伦彼尔伯爵，迁居到意大利后，专门写作芭蕾舞的乐曲。可是，他不但缺乏这方面的才能,而且又非常任性；我们尽管已经生了五个孩子,但是,夫妻间的感情很冷淡！”琪莲泰在那本杂记本上，写下了这样一段话。

贝多芬的脸上，流着两行眼泪。

照理说起来，贝多芬听了这个和他恋爱过，甚至还谈过婚事，只因为遭到父母的反对，就抛弃了他的女人，把结婚后生活的不幸倾诉出来，应该嘲笑她一句“活该！”才对。可是，贝多芬不但没有嘲笑她，反而伤心得涕泗交流。

“我们夫妻俩，除了吃饭的时候在一起以外，其他的时间，简直很难得见面，我们一直过着这样的生活。”

“你真可怜，琪莲泰！什么时候回到维也纳来的？”

“昨天。因为加路伦彼尔已经被任命为维也纳宫廷歌剧的音乐文库管理人。——现在一回想到我的少女时代，就非常难受，所以，特地来看看你。逝去的青春已唤不回来。我不禁又回想起沐浴着月光，在院子里散步时的那个夜晚。”

“是的！那首《月光曲》！我送给你的那首思怀往事的乐曲！我曾经如醉如痴地奏着，为了要奏给你听——你当时把灯火给熄了，你美得像一位月亮女神！”

“唉,请你不要再提这些往事了……”琪莲泰说着,双手掩面。

过去的那些往事，一幕幕地在他们的心头放映出来。可是，以往的一切，都已经全部葬送在时间的洪流中。

琪莲泰默默地回去了。贝多芬并没有送她。

不过，第二天，他还是到几个朋友家里去借钱，凑了五百古尔甸后，交给辛德莱说：“你把这钱送到加路伦彼尔伯爵家里去。”

辛德莱脸上现出一副惊疑的神色，问贝多芬说：“为什么你要这样做？伯爵不是夺走了你的爱人吗？而且，你自己不是也没有钱，生活也一样困苦吗？”

“琪莲泰成为伯爵夫人，和我有什么关系？在我心头，只存留着一个我曾经爱过琪莲泰的崇高回忆，这次重逢又引起我对于琪莲泰的回忆……”

辛德莱听到这里，就不再作声，带着钱到加路伦彼尔家去。

贝多芬写给琪莲泰的未寄出的三封信，到现在还收藏在文件箱子里。

那是在贝多芬去世后才被发现的。因为这些信都是写明给“不朽的爱人”的，所以这三封信非常有名。

“我的天使，我的一切，我的灵魂呀！”

贝多芬在第一封信里这样写着。

“我爱你，比你爱我不知要深多少。唉，我们尽管距离得这么近，可是，又相隔得那么远。我们两人之间的爱，不就像是天上的殿堂吗？好似天上的城堡一样坚固！”

第二封信里，哀叹着两个人虽然相离很近，两人之间有纯洁的爱却不能结合。第三封信里，又这样写着：

“只要我的灵魂，能够在你的庇护下，进入灵魂的世界里去，我就满足了。我已经下了决心，不管这路程怎样遥远，我一定要继续前进。”

他怀抱着一颗但愿“在天成为比翼鸟”的苦心，在信里恳切地表达他的诚意。

贝多芬对于今天来访的琪莲泰，虽然还是很同情，可是，当年那种圣洁的、专心一意的、崇高的爱，他已经感觉不到了。

曾经使贝多芬那样竭力追求的热情，一经消失了以后，就冰冷得像降到了冰点以下似的。

到了现在，他觉得还是黛莉冉那样平淡的友情值得珍惜。在白百合那样的清淡中，尽管燃烧出炽烈的热焰来，但也不会一下子就冷却到冰点以下，而且，那还是一个没有止尽的爱的泉源。

黛莉冉一直到现在，还和她的少女时代一样，独自一个人过着小心谨慎、平淡清静的生活。

对于黛莉冉，贝多芬也并没有和她再见面的打算。他只是时常拿出黛莉冉的画像来，喃喃自语：“你长得真美，简直像个天使！”

一面这样说，一面流泪，而且经常如此。

有一天，刚巧他在看照片流泪的时候，被一个来看他的朋友看到了，那朋友就不声不响地退了出去。过了一阵子，那朋友又回来时，只见贝多芬已经端坐在钢琴的前面了。

“嗨，看你今天的脸色很好，你脸上的恶魔被你给赶走了！”朋友惊讶地说。

贝多芬听后凄然笑道：“是的，因为我的天使，来看了我一次。”

接着，他又自言自语起来：“可怜的贝多芬呀！这个世界的幸福，没有你的份；你只能在创作中，看到你所爱的人！”

巨星殒没

JUXING YUNMO

你们喝彩吧！一幕喜剧收场了！

《庄严弥撒》和《第九交响曲》

一八二二年十一月，贝多芬的歌剧《菲德里奥》，在克伦脱那德耶剧场演奏。在没有正式演奏前，举行总演习，贝多芬担任总指挥。

可是，他的指挥棒，简直是在那里乱舞，歌手和管弦乐团，也跟着他在那里胡乱奏唱起来。伴奏和歌唱不能配合，歌唱也跟伴奏配合不起来。

贝多芬就发起火来，跺着脚大声怒吼。

贝多芬不顾一切，又把他手里的指挥棒舞动起来。可是，歌调和曲子还是配合不起来。

舞台上的人们都知道，贝多芬的耳朵已经完全不中用了，什么声音也听不到。大家都觉得，最好向贝多芬说明："你已经不能够担任指挥了！"

可是，这不免太使贝多芬伤心，谁都不忍心这样去告诉他。

贝多芬看到了大家的表情时，才明白是怎么一回事，就叫他的学生辛德莱到他身边去，把一本用作笔谈的杂记本交给了辛德莱。

“请你停止指挥吧！详细情形，等回去以后再向你报告。”

贝多芬一看到这句话，就立刻从剧场里飞也似的跑了出去。

辛德莱感到很担心，就从后面追了上去。贝多芬一回到屋里，马上倒在床上，双手抱着头，痛苦地呜咽。

这不是一次公开表演的指挥。可是，贝多芬挥舞指挥棒，却是最后一次。

《菲德里奥》的公演，在十一月三日的夜晚隆重揭幕。可是，指挥台上却看不到贝多芬的影子。

“钢琴不能弹了，指挥棒也不能拿了，所剩下的只有创作……”贝多芬痛苦地喃喃自语。

“我要不是曾从一本书里面，读到了这么一条格言：‘一个人，只要还剩有一份可以替人世工作的力量，绝不可胡乱毁弃自己的生命。’那我早就离开这个世界了。”

他在写给他的好朋友潘格拉的信里，有这么一段话。

他一再打算自杀，可是，每到了真要自杀的时候，总想到自己还可以作曲，就打消了自杀的念头，继续写他未完成的大乐曲。

其中的一部乐曲，是当他的恩人，同时也是他的钢琴学生路德尔夫大公，荣任奥含尔密滋的大主教的时候，为了要报答过去所受的恩惠，并且含着祝寿意义而写成的《庄严弥撒》。

另外还有一部，是在一八一五年开始写草稿，而决心要使这部作品成为他一生所有作品中最好一部的《第九交响曲》。他把大诗人西拉的《快乐颂》搁在最后，好使这部乐曲成为一部可以合唱的交响曲。这真是呕尽了他的心血的作品。

这期间，贝多芬接受了医师的劝告，在各地的温泉地区疗养着；同时，也在那里用他的全部精力作曲。

《庄严弥撒》，是花了六年的精力，于一八二四年三月，在贝多芬五十四岁时完成的。所谓弥撒曲，就是在天主教仪式中所使用的乐曲。

“好不容易，总算把这部弥撒曲完成了！”贝多芬实在累透了，便这样叹了一口气。

“写好了？恭喜！”

辛德莱这样祝贺他，可是贝多芬听不见，只是把那感谢上帝的虔诚眼神投向空间去，喃喃地说：

“本来，我是打算把弥撒曲献给路德尔夫大公的，可是，已经拖迟了三年。创作庄严的宗教音乐，是我在波恩担任教会风琴手的时候，就立下的志愿。因为，我想到要向上帝表示感谢……我的艺术，既不是知识，更不是情结，而是我的信仰。”

“别的音乐家们也都写过弥撒曲，可是，多少年来，还没有一部能够比得上巴赫的《短调弥撒》的。不过，我的这部《庄严

弥撒》，可以说是不次于巴赫作品的一部伟大乐曲呢！”贝多芬对于自己的作品感到满意，而且充满着自信。

当然，对于贝多芬在写成这个作品的过程中，花去不少心血的情形，辛德莱十分清楚，因此看到贝多芬在那里赞赏自己作品的时候，绝对不会认为这是贝多芬的自鸣得意。

接着，贝多芬又在第二年完成了《第九交响曲》。

这《第九交响曲》，也被称为合唱交响曲，是贝多芬一次崭新的尝试，是把大诗人西拉的《快乐颂》（是一首歌颂喜悦的诗）搁在交响曲最后一段的音乐中去合唱。而且，演奏起来，需要一小时二十分长的时间。这实在是一部伟大的作品。

这个大曲，是贝多芬突破了命运的悲哀、生活的苦闷，以及一切的挫折，而抓住了喜悦的胜利大曲。

就因为这《庄严弥撒》与《第九交响曲》是贝多芬最伟大的作品，也是展示出他的艺术天才的最高杰作，所以，一直到现在，不管是哪一位了不起的音乐家，都不敢轻易尝试演奏。

“这样庞大的乐曲，在维也纳发表怕会发生困难。我想还是拿到柏林去演奏的好。”贝多芬在辛德莱面前，曾经这样透露过。

“这不行。在维也纳创作的乐曲，拿到柏林去演奏，将是我们的耻辱。”辛德莱坚决反对。

“这不是纪念你一生的大音乐会吗？交给我，让我去办！”

辛德莱就到处奔跑，找那些支持贝多芬的人以及贝多芬的朋友和一些音乐家。

他用尽心力，向各方面恳求，一定要使这两大作品在维也纳演奏。

接着，他又挑选担任独唱的歌手，挑选管弦乐队，到处交涉，可以说是用尽了力量，费尽了苦心，终于把这些人都给说动了。他们一想到如果贝多芬真的被柏林拉去的话，那多么令维也纳人难堪啊！

历尽千辛万苦，才决定于五月七日那天，假座克伦脱那德耶剧场，举行这一次不寻常的音乐演奏会。这事情决定后，大家高兴得简直难以想象。

这天，贝多芬紧紧地握住辛德莱的手诚恳地说："我不知道该怎样向你道谢！"

当晚的节目表中，写明总指挥由乌姆乐乌夫乐长担任，并说明由路德维希·范·贝多芬氏亲自担任总指导。

结果，贝多芬的辛劳并没有白费。这次演奏会的盛况，的确是前所未有的，使整个维也纳都轰动了。

唯一遗憾的是虽然邀请了皇帝和路德尔夫大公，可是正巧皇帝在外边旅行，路德尔夫大公也刚到属地去了，所以皇家贵族都没有出席。

可是，听众却全场爆满。

一般爱好音乐的人，全都来了；同时，所有认识贝多芬的人，也全部到场。

其中，贝多芬的一个最知己的朋友滋梅尔卡，虽然正患着重病，还叫人用担架抬他到剧场来参加这场音乐会呢!

《第九交响曲》的演奏，使每一个听到的人，都感动得不能自已！当全曲告终的时候，全场鸦雀无声，接着，就轰然响起一阵震动屋瓦的鼓掌声。最后，更是接连响起了五阵拍手声，欢迎贝多芬出场。

对于表演表示欣赏的鼓掌，照规定只以三次为限；热情的听众，这次竟接连拍了五次手!

到第五次拍手的时候，就被警察制止。还有哪一个将军或帝王的胜利，能够比得上这场音乐演奏会的轰动呢?

那是多么动人的一幕啊!

尽管博得了全场热烈的掌声，而贝多芬却背向着听众，冷清清地独自坐在管弦乐团的席位上，凝望着乐谱。

疯狂的听众闹得惊天动地，但对于贝多芬来说，跟以沉默来对待他，还不是完全一样!

这时，一个女高音歌手觉察到这一点，就要贝多芬面向着舞台，好让他亲眼看看听众在挥着帽子和手帕向他喝彩的盛况。

贝多芬回过头来，面对着听众时，才发现了听众的疯狂情况，他一时真不知道该怎样才好。过了一阵子，才很恭敬地向听众答礼。

贝多芬一向听众答礼，立刻又响起了一阵疯狂的喝彩声。

演奏会结束以后，辛德莱就在手册上写下下面这一段话给贝多芬看：

“我从生下来一直到现在，像今晚那样的狂热和感动的喝彩盛况还是首次看到！”

“我也是第一次。”贝多芬也这么回答了一声。

“那交响曲的第二乐章，受了鼓掌声的阻碍，到中途几乎听不到了。”

“我是什么也不知道的。不过，那一段乐曲，是在一个月明之夜，仰望着天空闪烁的星光，触动了我的灵感写下来的。那儿充满着广大无边的自然美。我们面对着这自然美的时候，不是会体味到生命空虚的悲痛吗？不知道听的人们可曾领略到这一点没有？”

“当然领略到了！正因为这样，才有那种热烈的喝彩声，纵使是一个国王，也不是那样容易就能得到这喝彩的！”

可是，尽管是这样一个盛大的音乐演奏会，门票的收入，却只有两千二百古尔甸。扣除掉所花去的费用，只剩下四百二十古尔甸。

贝多芬一听到会计的报告，顿时全身无力；在辛德莱的陪送下，回到家里时，就扑通一声倒了下来。

辛德莱和女佣们，一起动手把他抱起来放在沙发上，让他躺好在那里。辛德莱在一旁照料着。

这时，贝多芬一句话也没有说，并且没有进食就睡着了。辛德莱这才离开贝多芬回家去。

第二天早晨，用人到房间里打扫时，看见贝多芬依然穿着昨晚参加音乐会穿的那套服装，还没有醒来。

可是，在那熟睡的脸上，似乎显现着一层轻淡的红光。

原来，他是在那里做梦。在梦里，他的耳朵听得很清楚，有一种像是从地底下爆发出来的洪亮歌声唱着……

可喜呀，绮丽焕发的神的光辉，来自乐园里的少女呀！

我们都是充满热情的天国里的一群，要踏进你的圣殿去！

你的神力，使我们这些被人世的纷扰给拆散了的一群，依然结合在一起，在你那慈祥的翅膀下面住下来时，所有的人们都成了兄弟。

大家互相拥抱着，无数的人们彼此相亲相爱。

所有获得了真挚友情的人们，还有娶得了可爱妻子的人们，大家一起来欢呼吧！

走吧，兄弟！朝向你们的路去走吧！像英雄获得胜利般愉快地走吧！

兄弟们！在天上，有我们慈祥的父神在那里！

庄严优雅的歌声，似乎就要把贝多芬带进天国！于是，悲哀化为希望，失望化为欢欣。这当然不只是贝多芬一个人的画像，而是所有站在全人类的最前线为理想而前进的英雄们的英姿！

言归于好

“卡尔，我看你是像你父亲一样，不会成为音乐家的。”贝多芬很难过地对卡尔说。

对于卡尔爱护备至的贝多芬，还是想把他培养成为一个音乐家。所以，就把卡尔送到一个曾经是贝多芬的学生，而在钢琴教育方面首屈一指的基尔尼身边去，拜托基尔尼给予卡尔特别的教练。可是，卡尔跟他父亲一样，学到半路就放弃了。

“我不喜欢音乐。伯父，让我停止钢琴的学习吧！”

“既然这样，那也没有办法，就进大学念书好了。”

卡尔的脸上，还是露出不大乐意的表情。他知道，假如说出不愿意去念书的话，一定又会挨骂的，所以，也就只好勉强地进入大学。

可是，不到半年，贝多芬就接到学校的通知：

“学生卡尔·贝多芬，很少到学校听课，大家都认为他无心向学，所以，经教授会议决议，予以退学处分。”

贝多芬看完通知，大吃一惊，就把卡尔叫了来：“你为什么逃学？是不是根本就没有去听课？”

卡尔不慌不忙地回答道：“说实在的，伯父，我根本就听不懂大学里的课，要我去听课，真是件苦事，我实在不想去。”

“那么，你每天早晨总是说要去上学，你到底到什么地方去了？”

卡尔没有回答。可是，在他的眼里，却闪烁着一种像蛇蝎般狡猾的光芒，那光芒，一直射在他伯父的身上。

贝多芬终于觉察到了：“你一定是到你母亲的身边去了！”

贝多芬一面这样怒骂，一面伸出拳头，朝着卡尔的脸上打过去：

“混蛋！我再三叮嘱过你，叫你不要去，你为什么不听话？你一到那边去，就不会再学好，最后，一定沦为太保，被社会唾弃。连这一点你也不知道吗？”

卡尔低着头，捂着被打痛的脸颊，流着眼泪。

贝多芬一看到这情景，马上又疼起这个侄儿来：“好了，好了，不要哭了！”

他一边抚慰着，一边把卡尔拥在怀里说：“我不再责骂你就是了，我知道不管怎样责骂，也是没有用处的。但是，为了你，我早已下了决心，无论什么责任我都要负的。你有什么意见，尽

管对伯父说明白。我们两个来好好商量，不是很好吗？”

贝多芬这样一说，卡尔就不住地点头。

“关于上学的问题，我们可以好好讨论。要是你不愿意读大学，改进工业学校也好，这样可以学到一点儿实际技能……”

卡尔听到这里，脸上就绽出了微笑。

于是，到了第二年的秋天，贝多芬就让卡尔进入工业学校。当年夏天，贝多芬因为健康问题迁居到巴登去。不过，由于放心不下卡尔，还是不断地回到维也纳来。

他从巴登写了二十八封信给卡尔。

他写信的时候，总是用“我的忠实的孩子”来称呼卡尔。同时，每一封信，都用下列几句话来结束：

“回来吧！你一读到这封信，马上就回到你那真诚待你如父亲般的伯父身边来吧！贝多芬。”

然而，卡尔并没有到巴登去。卡尔总是不喜欢他伯父，所以一直不肯到伯父身边去。

卡尔喜欢和那些太保流氓玩在一起，跟大家赌赌钱，他觉得这样比到伯父身边要痛快得多。

可是，贝多芬却很爱他，只好不断地到维也纳去看他。

这一天，贝多芬又到维也纳来，恰巧碰到白朗宁全家人出来散步。

斯德璜·白朗宁，是爱列奥诺莱的弟弟，跟贝多芬是很要好

的朋友。可是，当贝多芬领养卡尔的时候，白朗宁认为贝多芬不必多此一举，就拒绝了贝多芬要他担任证明人的请托。因此，两个人就搞得很不愉快。

说起来，贝多芬的脾气太坏了，为了一点点小事情往往就怒不可遏。可是，事后他总会感觉后悔，向人家低头道歉。所以，他实在是一个很天真率直的人。

这时候，贝多芬早已把那件不愉快的小误会忘得一干二净了，就用一种愉快的声调向对方招呼：

“喂，白朗宁兄，你们全家一起出来散步吗？”

那个已经荣任宫中顾问的斯德璜·白朗宁，一看见贝多芬满脸的笑容，不禁也在脸上浮起一层微笑：

“好久不见了，贝多芬兄，近来身体可好？”

贝多芬伸手去抚着白朗宁身边的一个十二岁的孩子吉哈脱：

“‘裤子的纽扣’，你真舒服，你的爸爸和妈妈又带你出来散步了。”

贝多芬非常喜欢这个可爱的孩子，老是叫他“裤子的纽扣”。

那是因为吉哈脱经常跟着他父亲出来散步。这个外号的意思是：像纽扣被缝在裤子上一样，老是跟在父亲身边。

接着，贝多芬又探问白朗宁家的近况和潘格拉夫妇的情形。然后又说：“我现在住在巴登。不久后，我打算搬到你家附近的舒巴滋休巴尼公寓里去，所以，又要时常来打扰你了。”

这样说完，他又对斯德璜夫人孔斯丹彩说道：

“现在，要麻烦太太到我家里来帮我整理一下，因为，我家里实在太乱了，简直不知道该怎样收拾才好咧。”

“好，没有问题，我负责给你整理就是了。”夫人非常高兴地回答。

这件事情，使贝多芬在精神上感到很愉快。

为了卡尔而闹得头昏脑涨的贝多芬，心情总感到十分沉重，这次，和老友偶然见面，消除了以前的误会，恢复了过去的友谊，使他的心头立刻如释重负似的轻松了起来。

卡尔自杀

一八二五年的夏天，贝多芬还是迁居到巴登去。他在身心两方面的双重苦恼下，同时，也在生活费用的威胁下，身体的健康急剧地衰退下来。

这时，他已经五十五岁了。

另外，又受到一种难以用言语形容的寂寞的侵袭。没有一个温暖的家庭或几个家人住在一起的那种冷清清的独身生活，终于使他忍受不了了。

到了这时候，贝多芬不免又想起约翰来；尽管是他所讨厌的弟弟，可是，到底是同胞骨肉啊！

“还是到约翰那边去，和他在一起过日子吧！”贝多芬曾在无意间动过这个念头。

约翰这时已经是一个相当有钱的人了，在一八一九年那年，他买了一幢靠近多瑙河边的豪华宅第，到了夏季，就在那里避暑。

一到冬天，他就搬回维也纳的家里过年。

一八二三年的正月里，贝多芬接到了约翰寄给他的一张贺年片。在那张贺年片上，这样写着：

“富翁——约翰·贝多芬敬贺。”

接到这张贺年片时，贝多芬正和辛德莱两个一起在吃中饭，他就马上寄回一张贺年片，上面这样写着：

“聪敏的人——路德维希·贝多芬敬贺。”

贝多芬在这种时候，是很天真的。

约翰以有钱人自居，他的生活当然过得相当舒服了。当他接到贝多芬问他好不好在一起过活的信时，却在回信中这样说：

“就我自己来说，大哥到我这里来，是无所谓的。可是，我的妻子却不同意你来。因为你在我们结婚时的那种举动，她怀恨未释呢！”

于是，贝多芬的希望，便变成了泡影。他在移居到巴登去以后，仍然是孤独而贫困，身体也不好。他的境况的确是相当惨的。

尽管到了暑假，卡尔还是逗留在维也纳城内，过着放浪生活。

七月三十日那天的晚上，突然有一个素不相识的车夫模样的人，闯进了贝多芬的屋子里来，使贝多芬非常吃惊。

“听说你就是贝多芬先生……”

看那人的样子，像是很着急地跑了来找他的。他说话的样子，非常紧张，简直是上气不接下气。

贝多芬因为耳朵聋了，听不到那人的说话声音，便去把一个同屋的人叫了来，好给他传话。

“在洛亨修他英城址上，发现了一个用手枪自杀了的青年，很像是你的孩子，所以，特地赶来通知你。”

他听明白以后，才知道是卡尔发生了意外。

这时候，贝多芬的惊愕，是从来不曾有过的。他急得像热锅上的蚂蚁，急忙赶到现场去。

到了那边一看，果真就是卡尔！

在那古堡废墟的荒草地上，染了一大片鲜血，卡尔奄奄一息地躺在那里。一支手枪，丢弃在他的身旁。

贝多芬马上把卡尔抱上车子，送进维也纳市立医院去。

贝多芬一方面担心卡尔的伤势，同时，也害怕这个不名誉的事件向外面传开。因为他是维也纳的荣誉市民，也是乐坛的大师，如果因为这个事件而使他的名誉受到损害，实在是一件无法忍受的事情。

可是，这既然是一个轰动社会的事件，当然是无法隐瞒的。

到底为了什么事情，卡尔会动了自杀的念头呢？

贝多芬就叫人把和卡尔住在一起的萧勒曼（专给贝多芬抄乐谱的人）叫到医院来查问，才知道事情是这样的：

“尽管学校里就要举行考试了，卡尔还是不用功，只管和街上的那些流氓混在一起，不是到弹子房去打弹子，就是到赌场去赌钱，而且，还向人家借了不少钱。结果，债主讨得很紧，卡尔走到哪里，讨债的人就追到哪里。大概是被逼得无路可走了，才下了这个一死了之的决心。”

“真是一个糊涂蛋！”贝多芬心疼地骂道。

意志薄弱、生性懒惰而容易受人诱惑的卡尔，他既不肯好好用功读书，又害怕伯父责骂，还欠下人家一大笔债，到了没有办法还债的时候，就动了死的念头。幸而子弹没有打中要害，只不过昏迷了过去而已。

白朗宁夫人到医院里来探望的时候，贝多芬触动了愁肠，竟像丧失了亲生的孩子那样，很伤心地说：

“你是知道这事情才来探望的吗？我的卡尔，幸而没伤中要害，看情形大概还有救。可是弄出了这丢人的事情来，我真不知道该怎么办才好。我一直像心肝宝贝那样地疼爱着他，想不到会闹出这样的事情来！”

在那时候的维也纳，自杀是有罪的。于是卡尔一出医院，就被警察抓去关了起来。

贝多芬接二连三地到警察局去，要求释放。

当他少年时代住在波恩时，也曾经到警察局去过，那次是去领喝醉了的父亲回来。那次的羞耻，直到现在他还没有忘记。哪知道到了现在这种年纪，又得为了请求释放一个被关起来的亲人而到警察局去。这对于贝多芬来说，真是比死还要难受的耻辱。

于是，贝多芬只好去找白朗宁商量。

“好吧，让我来做卡尔的共同监护人，把他保出来算了。”

白朗宁答应去保释卡尔。他那宫中顾问的职位，在警察界当然吃得开。于是，马上就把卡尔保了出来，到了九月底的时候，就由贝多芬带回家去。

孤苦伶仃

贝多芬请白朗宁把卡尔由警局保释出来以后，就带着卡尔到多瑙河边约翰家里去静养。

闹出了这不幸事件以后，他实在不想再回到巴登去。同时，他的凄清寂寞，逼使他不得不去找约翰团叙。

本来已被病魔困扰得身体越来越坏，卡尔的这一场祸，又使他受到了新的创伤。贝多芬的身体，实在已经坏到不可收拾的地步了，完全靠着意志的力量生活着。

他和卡尔两个，坐上一部马车，离开了维也纳。

“卡尔，我真不懂，怎会碰到你这样一个忘恩负义的人？没有亲生子女的我，把你像宝贝那样疼爱着。对于你的将来，还在我心里描绘出了种种美景呢。知道吗？你要做个好孩子呀！”

贝多芬在摇晃的马车中，一遍又一遍地这样告诫卡尔。

“你怎么会变成一个这样胡闹的坏孩子？从今以后，你能不能够痛下决心，改过自新，做一个好孩子呢？”

“而且，不论在什么时候，你都要成为一个我所疼爱的好孩子！我尽管不是你的亲生父亲，可是，我一直抚育你到现在，希望你成为一个好人。我这样对待你，我想我已经超过了你亲生父亲待你的程度。我现在真心诚意地要求你，你一定要向着正路前进！”

贝多芬把衰弱到了极点的身体靠在背后的椅垫上，苦口婆心地这样规劝卡尔。

卡尔闭着眼睛，尽管装出注意倾听的样子，但心里却不知道在想些什么，连半句话也没有听进耳朵里去。

卡尔一点儿也不知道，为了他，贝多芬的寿命竟缩短了不少。他根本不知道自己带给贝多芬这个伯父多重的感情负担，所以，一直到死，丝毫也不曾有过感恩图报的念头。

约翰所住的古那伊克圣杜尔夫，是一个风景优美的村落；约翰的家，是一幢早晚都可以眺望多瑙河景色的宽敞的住宅。

在这里，所呼吸到的是远离城市的清新空气；所看到的是层峦起伏的山峰。自然的景物，足以使贝多芬怡情养性，可是，他的弟弟和弟媳对他却非常刻薄。

“大哥，因为你必须工作，这个房间对你还适合，请你住下来好了。”

约翰只腾出一间空气沉闷的房间给他哥哥使用。而且，他也

绝对不到哥哥的房间里去和他话家常，表现一点儿兄弟间的亲情。

约翰本人，对于结婚当时的那一段经过，已经不放在心上。可是，他的太太还把贝多芬恨得咬牙切齿，从没有向他问候过一次。

她不但不去问候，连招呼一声也不肯。她只叫一个叫作蜜查爱尔的女佣去照料他，她自己连理都不理。

“我这个弟弟的家，也不是我可以安身的地方！”贝多芬在阴暗的房间里，躺在床上自言自语着。

当年，把这个弟弟从老远的波恩给接出来，让他进学校，甚至还拿钱来给他开设店铺的人是谁呢？困顿在凄凉晚境中的贝多芬，竟没有一个亲人来安慰他的寂寞。

每天，只有在吃晚饭的时候，在饭厅里有一次和大家见面的机会。可是对贝多芬来说，这顿晚餐还是冷清的。因为饭厅里的人们，大家都有说有笑地随便聊天，可是有谁肯拿出手册来，和这个聋了耳朵的贝多芬笔谈？

只有一个人，就是那个叫作蜜查爱尔的女佣，还很亲热地对待贝多芬。

“贝多芬先生，不管什么事情，请你尽管叫我做。只要有事情，不要客气，尽管说好了。”

“谢谢你。现在只有你一个人肯真心对待我。我也不准别人到我房间来，除了卡尔和你两个人以外……”

这样说过以后，除了这两个人以外，贝多芬再也不许任何人在他房间里进出。

可是，除了蜜查爱尔以外，还有一个真心对待贝多芬的人。那就是他永远的好友——美妙的大自然。

贝多芬在早晨五点半起床以后，马上就动手作曲，七点半进早餐。接着，就在村子里随便散散步，一面不时停下脚步来，把音符和用语在手册上记下来，到了十二点半便回去吃中饭。吃过中饭就关在房间里作曲，到夕阳下山时，又出去散步。傍晚七点半进晚餐。吃完晚饭，就趴在桌子上工作，直到十点半才上床休息。

住在这村子期间，贝多芬始终很规则地保持着这种规律生活。他处身在这样一个可以散步的、幽美的自然界中，尽管约翰夫妇那样虐待他，总还觉得是幸福的。

他的脸上，时常充满着愉快的表情，已使他忘却了身上的疾病。

“贝多芬先生，你独自一个人去散步，总是危险的，还是让我陪你一起去吧！”

那个热心的蜜查爱尔，只要一有空，就跟在贝多芬后面，和他一起散步。贝多芬经常走向多瑙河边。

“蜜查爱尔，从这里望去，所看到的风景和我的故乡波恩街市的景色很像，不禁使我怀念起波恩。我在青年时代就离开了故乡，一直到现在，此生恐怕再也回不去了。故乡有一条莱茵河，正像这多瑙河一样，缓缓流去。在沿河的两岸，也一样有连绵不绝的一座座的葡萄园。”

蜜查爱尔回答了几声，可是，贝多芬并没有听到。

“我常常和母亲以及朋友们去爬山，眺望那些沿着莱茵河上驶的船只。那时候，我就盼望能够乘着那些船，到大都会里去。不过，等到现在上了年纪，就觉得都会里没有一样东西能给我安慰。其实，认真说起来，一个人还是应该回到那充满着自然情调的故乡才好，只有故乡，才能带给人真正的快乐与平安。”

每当贝多芬徘徊在山岳、河流、田野间纵情眺望的时候，就感觉到需要写些不同寻常的音乐来。

正像当蜡烛火快要熄灭的瞬间，突然会闪耀出一股最后的光焰来一样，也好像夕阳正要陷落到云层里去的时候，会照射出一道最后的光芒一样，贝多芬漫长的音乐历史，在快要到最后一个阶段的时候，又开启了一条崭新的音乐道路，这正是大自然美妙的赐予。

贝多芬所写的乐曲，都是他徘徊在自然的景物中，一面散步一面推敲出来的。

“贝多芬先生，你的脚步走得那么快，我实在跟不上你。我看你一会儿大声地呐喊，一会儿手打着拍子，一会儿又跑了起来；一转头，你又拿出手册来，在上面拼命写着。这真是一种忙得不可开交的散步呢！”

蜜查爱尔到了最后，实在不想再跟他一起去散步了，便把这几句话写在一张纸上给贝多芬看。

“哈哈，你不去也没多大关系……”

说着，贝多芬就把他抄在手册上的一首诗《格里尔巴彩尔的诗》，拿给蜜查爱尔看：

有一个人独自在那里匆匆前进，
他的影子当然也紧跟在他身边，
他穿过密林，横过田野，
用尽他全部力量在拼命前进。
一条小溪想挫折他的壮志，
他一跤跌进这溪的水里去。
攀上了对岸悬崖的他，
还是毫不懈怠地继续赶路。
他终于踏上了一座险峻的悬崖，
他摆好姿势决心要纵身跳过去。
狠命地一跳，很幸运地一点儿也没有受伤，
平安地渡过了难关。

“这首诗里所说的那个‘他’，就是指我呀！哈哈……”贝多芬这样说时，望着那个惊异得出神的蜜查爱尔，大声地笑了起

来。

接着，贝多芬打开了手册的另一页，上面记载着几首弦乐四重奏曲。

这几首作品，是贝多芬最后的作品，直到现在仍闪耀着光芒。这些曲子，把贝多芬疾病的苦楚、骨肉的叛离以及所有的苦恼全部冲掉了，他也获得了真正的平静。

贝多芬活着的时候，早就具备了一种接近上帝的意境，充满着受苦后的满足的微笑。

一部老爷马车

一天早晨，贝多芬接到了一封从维也纳转来的信：

好久没有接到你的来信了。

我们不管是愉快或是忧伤的时候，总是怀念着你，你却没有片语只字寄来，这使我们感到遗憾。

在你那伟大的母亲去世以后，内人的娘家，也就是白朗宁家，对你来说，有着不凡的意义，可以说比你自己的家都还要重要。

一个人，尽管像你这样已经有了伟大成就，但一生中最大的幸福，还是童年的回忆。

你难道真不想再去看一次莱茵河吗？

你的老友　潘格拉

在这封信里，还附着一张小小的信笺。原来是爱列奥诺莱所写的。

亲爱的贝多芬先生：

潘格拉总要我给你写信，我却一直拖延到了今天。

我们都想问问你，你想不想回来看看莱茵河呢？

我们的伦亨，托你的福，在生活上带给我们不少的快乐，这还得谢谢你。这孩子对于有关你的一切，都非常喜欢听。同时，也很喜欢听我们谈起我们在波恩的时候——儿童时代的种种往事。

“贝多芬先生，今天看你特别高兴，到底是谁给你来的信？”

蜜查爱尔看到贝多芬微笑着阅读来信，便在手册上写下这话来问他。

“那是我在波恩时的一个好朋友写来的。我这好朋友的夫人，是我最初所爱的一个女性。她在我生日那天送我一首诗，至今我还保存着。我很想再去看看莱茵河，同时，也想去看看我那老朋友一家人。”

当贝多芬神情恍惚，低垂着眼皮，沉浸在回忆中的时候，突然响起了一阵敲门声，跟着，约翰的太太走了进来。

上了年纪、身体发胖的约翰夫人，走起路来，活像一只鸭子，实在太难看了。

她用那冷冷的眼色，看了贝多芬一眼，然后递给他一张纸，上面写着：

“蜜查爱尔是我们雇用的用人，可是，现在我们家里的事情，她什么也不做，却老在这里替你做事。实在太不像话了！所以，我决定要解雇她。”

读完了这张纸片的贝多芬，就发起火来。他愤怒得嘴唇一个劲儿颤动，连话也说不出来，只是一直瞪着约翰的太太。最后，他终于说话了：

“你要辞掉蜜查爱尔，我可不能答应！你打算要欺侮我到什么地步？你要知道，我并不是白吃白住在你们家里的人啊！每一个月，我不是给了你们四百古尔甸的房钱和饭钱吗？”

原来，这个大财主约翰，尽管手头有的是钱，却非常小气，把这个帮过他大忙的哥哥和租房子包伙食的房客一样看待。

“好，蜜查爱尔的工钱以后就由我来负担好了。如果你还不肯答应，一定要辞掉她，那就随你的便好了。”

经过这场不愉快以后，贝多芬就不到下面的餐厅吃饭了。同时，也不再和蜜查爱尔做亲热的谈话。

到了那年的晚秋，一阵阵的冷雨，加添了几许寒意。跟着，还下起雪来。这儿比维也纳还要冷，寒冬似乎也来得特别早。

可是，约翰他们，并没有替贝多芬的房间安置一个取暖的火炉。

年老而又多病的贝多芬，必须把双手塞在怀里，靠着体内发散出来的热，温暖那已僵冷的手，然后才能提笔，继续作曲。

他尽管这样年老而又多病，可是，他还是继续不断地找寻音乐的题材，不断地到处去散步。

他冒着严寒，冒着风雪……

“冬天也不坏，春天当然更好。在哈伊利根修托德的那个春天的情景，使我觉得无限地怀念，怎么也不能忘记。在那边，动手写遗书时的情形，想起来历历如绘，的确使我非常苦恼，可是……”

由于这幕往事，贝多芬几乎每年都得到那边去做一次旧地重游的旅行。

那青葱的树木、那值得怀念的林间道路、那明亮如镜的小川。那小川中清澈见底的流水，一定是滴落在深山里晶莹的雨珠所汇积成的。那使人怀念的榆树，这时候，想必已是落叶满地。

到了现在，贝多芬只要把眼睛一闭起来，那绮丽幽美的风景，就会一幕幕地展现在他的眼前。

“在那榆树梢头，我相信那些山鸟一定曾经在那里引吭高歌，只可惜我听不到它们婉转的歌声！”

不管怎样，听不到声音的悲哀，总存留在他的心中。不一会儿，他终于热泪盈眶。

“不过，在我的音乐中，还是很清楚地传出小鸟的歌声来的！

《田园交响曲》—— 我不是在这个乐曲的第二章结束的地方，把鹌鹑的歌声传出来了吗？这是我所听不到的小鸟歌声，但我却能在乐曲中把它传达了出来。”

贝多芬并不是听到了小鸟的歌声而把它表现出来的，而是那些小鸟借着贝多芬的想象而歌唱出来的。这也是小鸟的歌声之所以深深感动人的原因。

那回忆的思绪，像一根缠绵不断的细丝，无穷无尽地缠绕着贝多芬。

不一会儿，灰色的黄昏巨幕，终于从周围笼罩了过来。雪片刻也没有停止地飞落下来。贝多芬陷身在迷蒙的白雪中。

“哎，贝多芬先生，我找你找得好苦呀！想不到你会冒着雪蹲在这里，你的身体不怕被雪冻坏了吗？”

蜜查爱尔跑到这里，才找到了一直沉醉在回忆中的贝多芬。

蜜查爱尔先替他拍去身上的雪，然后，扶他站了起来，两人慢慢地走回家。一回到家里，连衣服也没脱，贝多芬就躺到床上去了。

天气越来越冷，简直把人冻得忍受不住。贝多芬躺在床上很想好好睡一觉，但一直睡不着。

他的两只脚肿了起来，而且肿得相当厉害。

贝多芬撑起半个身子来，抚摸那肿了起来的脚，心头不由得又浮起了一种无法形容的愁绪。

“老是这样子的话，在这里住久了，说不定会弄到无可救药的地步，还是回维也纳去吧！”

一想到这里，贝多芬就坐卧不安起来，好不容易挨到了第二天，他就表示要回维也纳去。

那正是十一月底，寒风袭人、乌云满天、非常寒冷的日子。

“何必在这样坏的日子回去呢？天气不久就会好起来的，忍耐几天再说吧！”

约翰这样劝阻他。可是，一心想要回去，说什么也不肯改变主意的贝多芬，并不听约翰的劝阻，只说：

“我的脚已肿了起来，看样子老毛病又要复发了。这里既没有医生，也没有医院，万一有什么变化，怎么办呢？实在安心不下来。”

“可是，大哥，今天没有马车呀！非走不行的话，那只有农家运牛奶的马车好坐了……”

“那也可以，什么车都没有关系，只要回得了维也纳就行。”

贝多芬就这样不顾一切，坐了一部运牛奶的马车，急匆匆地离开了约翰的家。

只有蜜查爱尔一个人，送他到村口。

“我不会忘记你，蜜查爱尔。在这一段漫长的期间内，你一直忠心地替我做事。再会吧！我们一定还会见面的。”

“一路保重，贝多芬先生。”

到了只剩下他一个人的时候，贝多芬才抬头向周围观望，这时，他眼睛里所看到的，只是灰色的天空、灰暗的地面和荒凉的冬景。

他所乘坐的那部送牛奶的马车，摇摇晃晃，一路震动得很厉害。

“这真是一部地道的老爷马车！”贝多芬坐在车里，苦笑着这样自言自语。

这部马车，对于贝多芬来说，是他一生中乘坐的最后一部车辆。

寒风不断地迎面直扑了过来。贝多芬瑟缩在这部没有防寒设备的马车上，唉声叹气。

那部运牛奶的马车，当天没能赶到维也纳。只好在中途的一个村子里停下来，找了一家旅店过夜。可是，这家旅店的窗户上，并没有防寒的设备。

原来，这一带的住宅，窗户都是双层的。一到冬天，就挂上一层厚厚的窗帘，同时，还用一种长弓形的棉枕，堵塞住从窗户缝隙里透进来的寒风。可是，这家旅店，根本就没有这种防寒的设备，而且，房间里也没有火炉。

在那硬板床上虽然铺着毛毯，可是，寒气仍然一阵阵侵袭过来。

睡到半夜里，贝多芬突然发起高热，全身不住打战，同时，也咳嗽得非常厉害，喉咙更是渴得十分难受。

他只得把放在枕边的快要结冰的冷水喝下了两三杯，苦苦地等待着那漫长的黑夜快点过去。

第二天，贝多芬又坐上那部老爷马车，一路颠簸，才总算回到了他那怀念着的旧居。

那天，是一八二六年十二月二日。

陷入绝望的深渊

从那天起，贝多芬就一直辗转在病榻上呻吟。

起先他患的是感冒与肠胃病，结果又演变成肺炎，更因肝脏硬化症而引起肿胀。

卡尔在几天以后，才和约翰一起回来。可是，他并不来照料这个害病的伯父，只顾到外面去东游西荡。后来约翰因为在人情上说不过去，才来探望一下。

“上帝还不肯就在这时候抛弃我，所以在我死去的时候，总会有一个人来揉抚我的眼皮，好让我瞑目的。”贝多芬曾经对卡尔这样说过。

他所说的一个人，还不就是这个卡尔吗?

“卡尔，你去请医生马上来，我的病势很沉重哩。”

贝多芬一看到这个好不容易才回来的卡尔，就上气不接下气地催他赶快去请医生来。

卡尔连话也不回地走了出去。可是，他一离开家，就把请医生的事情忘记了，直往他常去的那家弹子房玩乐。

玩了不久，总算想起了请医生的事情，就转托弹子房的一个伙计去办。可是，那个伙计也只是含糊答应了一声，最后，还是把这件事情给忘掉了。

整整两天，贝多芬没有人照料，也没有医生医治，受尽了苦楚。

这时候，辛德莱刚巧也来探望贝多芬的疾病，一看到贝多芬的身体已愈趋严重，大吃一惊，就自告奋勇地去替他请医生。

“这情形是肺部和肠胃不好，可是，病势并没有恶化到无法挽救的地步。请听我的话，好好地保养你的身体，这病一定会好起来的。”医生这样安慰贝多芬。

当贝多芬稍感安心下来的时候，一个名字叫作斯丹泼夫的英国人，送来了一部《韩德尔全集》。那是一部将近五十册的巨著。

韩德尔是一位名作曲家，是贝多芬向来所尊敬的音乐家，所以贝多芬接到这部书实在太高兴了。

白朗宁的儿子，就是那个“裤子的纽扣”吉哈脱·白朗宁，几乎每天都来，把这部《韩德尔全集》一本一本地排列在贝多芬的枕头边。

“老伯，你已经看完了三卷了！一口气读完那么多书，你的病又会加重呢！”

吉哈脱把这句话写在手册上，拿给贝多芬看。

“好，好，那我就不看了。”贝多芬就把眼睛闭了起来。

另外，还有一本使躺在病榻上的贝多芬获得很大的安慰和快乐的书，那就是舒伯特的歌曲集。

舒伯特并没有像贝多芬那样幸运，可以说是一个始终处于不幸中的音乐家。

舒伯特生长在维也纳，只活了三十岁。在作曲方面具有一种了不起的才能，曾经作了很多歌曲。尤其是那首管弦乐曲《未完成交响曲》，是使他名垂千古的一大杰作。不过，这个性格内向、怕羞的舒伯特，尽管在内心敬仰贝多芬如神明，却不敢去和贝多芬接近。

但是，在一八二二年的某一天，舒伯特曾经由一个朋友陪伴见了贝多芬。那时候贝多芬的耳朵已经聋了，就拿出了一本谈话簿来。哪知道当时的舒伯特非常紧张，一个字也写不出来，只是毕恭毕敬地把他自己所作的钢琴曲留下，就匆匆忙忙地退了出去。

辛德莱很早就发现了舒伯特的天才，便收集了六十首他所写的歌曲，拿给贝多芬看，并且问：“老师可还记得舒伯特这个人吗？”

贝多芬摇了摇头。把乐曲送来给他看过的无名音乐家，前前后后，真不知有多少个了，他实在想不起来舒伯特这个人。

“舒伯特把你尊敬得像神明一样，也怕你怕得像神明一样。能够步上你的后尘的，除了舒伯特以外，恐怕找不出第二个人了。

维也纳乐坛根本不了解他。但是，我却认为舒伯特是一个在作曲方面很有才华的人。这些乐曲，请你看一看吧！”

贝多芬要是不害病的话，就不会有空儿来看这个贫困天才的乐曲。

现在，他躺在床上，一首又一首地看下去。结果看出了兴趣来，接连几天，爱不释手。

“直到今天我才知道，有这样的天才被埋没在维也纳。在舒伯特的身上，闪耀着神的光彩！我也很想看看他的歌剧和钢琴方面的作品哩！”

贝多芬这样赞叹着。

在贝多芬病中，除了辛德莱以外，还有吉哈脱的父亲斯德璜·白朗宁经常来探望他。于是，贝多芬的病势，由于这几个人的热心照料，就好转过来了。

贝多芬到了精神好了一点儿的时候，就起来走动走动，有时候也坐到桌边拿起笔来，写些东西。

“在我能够重新执笔，完成《第十交响曲》以前，绝不会死去的！也就是我那思索了十几年的歌德作品《浮士德》还没有谱成乐曲以前……”

由于《第九交响曲》的演奏而使整个维也纳轰动的那一幕，尽管好像是不久以前的事，可是到了贝多芬病倒时，他在维也纳的声名就告烟消云散，谁也不愿意理睬他了。

这当然是由于贝多芬的音乐，起初的时候，在古典的形式中充满着爽朗的年轻人的感情。可是，慢慢地就产生了一种崭新而又自由的形式，把一些深奥的思想、单调而枯燥的宗教以及高深的文学一起都吸收到音乐里去。因此，除了一些知识广博、特别有教养的人以外，一般人很难理解。

度过了无数比死还不好受的苦难，才尝到喜悦滋味的伟大心胸，一般人是不容易了解的。

这种“曲高和寡”的现象，不免使贝多芬感到缺少知音的寂寞了。

“我要到法国的南边去！我要到那边去，我一定要到法国的南边去！”

这天，贝多芬在他的手册里这样记了下来。

“只有离开这里才是你自救的唯一路径。只有沿着这条道路走去，你才能够登上艺术的高峰。即使只再写出一个交响曲来也心满意足了！出发吧！出发吧！到意大利去，然后，再到西西里去……”

写到这里，贝多芬就搁下笔来，倒到床上去了。

正在这时候，卡尔从外面走了进来。他漠不关心地向正患着重病的伯父望了一眼：

“伯父，我就要到军队里去，要去参加意古拉乌联队，所以，今后我们暂时要分别一个时期。”

甚至那个住在大公馆里过着舒服生活的亲弟弟，对于这贫病潦倒的哥哥，也不肯伸出救援的手。

终于,贝多芬连房租也付不出来。同时,医生的诊查费和药费，也积欠了很多。

贝多芬到了这样穷困的地步，一天，在无意间想起了伦敦方面邀请他去的往事；这时，他就像是一个掉进水里的人，就是碰上一根稻草也要抓紧一样。

于是，他就叫辛德莱代笔，写信给伦敦的毛西勒斯求救。

我的病，已经动过四次手术，近期内，恐怕非动第五次手术不可。

这样的情况，要是长期拖下去的话，真不知将造成怎样的结果。我的命运，一天天地恶劣起来了。

现在，我只有听凭命运了。所以，在我没有死去之前，我要祈祷上帝，请上帝凭他的爱心，庇佑我能够在贫困中挣扎下去。我请求你去和费尔哈摩尼团商量，给我开一次音乐会。

我想仁慈的上帝一定会赐给我与命运搏斗的力量。

你的友人　贝多芬

伦敦的毛西勒斯接到了这封信，立刻跑到费尔哈摩尼团去。

“贝多芬正沉陷在等待动第五次手术的病苦中，看情形他实在非常穷。现在，这位向来性格孤傲的贝多芬，竟会写了这样一封信来——”

钢琴家毛西勒斯，心里充满着一种说不出来的难受。

当他追慕贝多芬的为人而到维也纳去的时候，贝多芬的名声那时正是光芒万丈，几乎无法接近。

当时，贝多芬既不肯收学生，也不肯跟任何人见面。他等待了一段很长的时间，想见一次面都不可能，只得凝望着从贝多芬的窗口透出来的灯光叹气。

后来，由于一个偶然的机会，见到了贝多芬，而且还受托出版《菲德里奥》的钢琴曲谱，而且这曲谱的编写，也归他担任。

回想贝多芬当时的得意情景，说他今天已穷得连医药费也没有着落，正困陷在贫病交迫中，是谁也不肯相信的。

“这真是太令人伤心了！使这位举世交誉的乐圣，尝受到这样的苦痛，这怎么行呢？我们来救救他吧！”

“是的，贝多芬是非救不可的……”

费尔哈摩尼团的干部们，立刻都站起来替贝多芬奔跑了。大家商定先送一百个英镑给正在病苦中的贝多芬。

钱的问题尽管已经解决了，伦敦和维也纳的距离，又是那样遥远。要把这笔钱送到贝多芬的手里得经过一段漫长的期间。

就在这个时候，巴斯卡拉第男爵，送了些香槟酒和水果来慰问贝多芬。

当一个人在贫病交迫的时候，只要有人以些微的温情来慰问他，就不知会怎样地高兴。这次，贝多芬高兴得淌下了眼泪来：

“你给我送来了香槟酒，我真不知该怎样表示内心的感谢才好。这香槟酒使我恢复了元气，增加了不少体力。”

寒冬快要过去的一天，辛德莱告诉贝多芬说：“约翰·奈波姆克·傅姆美尔先生来了。”贝多芬从床上挺起半个身子来：“给我穿上睡衣，我不能在床上和傅姆美尔见面。”

早春温和的阳光，照在他那憔悴的病体和长着长长胡须的脸上。

他一看到傅姆美尔走进来，就展开双臂，紧紧地和傅姆美尔拥抱起来。

“傅姆美尔兄，欢迎，欢迎！”

说起来，贝多芬和傅姆美尔两个人，过去不但谈不上有多深的交情，而且，他们两个，从初次见面后，感情始终是时好时坏。所以，二十年来，他们两个就一直没有再见面，好像冤家对头一样。

可是，到了现在，那些使贝多芬难忘难舍的人，那些过去和他相处得很好的人，连影子也看不见了。所以贝多芬非常感谢这位特地赶来看他的傅姆美尔。并且把二十年来的憎厌忘得一干二净，以满腔热情来欢迎这位老友。

疾病与孤独，使贝多芬的心情变得很坏，也变得容易怀念往事和故友。

“我刚从威马回来。当我在那边的时候，就听到你生病的消息。贝多芬兄，我们两个不能老是这样僵持下去。我向你道歉，我实在错了！”

傅姆美尔取过了在旁边预备好的一本手册，写下了这样一段话。他是听到贝多芬病危的消息，赶了来的。

“不，哪里是你的错，都是我不好！那时候，你是社交界的红人，是一个造诣很深的名钢琴家，我却是一个刚从莱茵河边的乡村出来的乡下佬，只知道像斗牛那样往前直冲，所以每个人都讨厌我；当时维也纳的音乐家也都成了我的敌人。原来，那时我总是在想：我尽管是一个乡下佬，可是，对什么人都不能相让！”贝多芬边回忆边说。

那时候的傅姆美尔年纪还轻，大家都公认他是莫扎特的后继者，专门写一些受大众欢迎的感伤乐曲，和贝多芬所走的路，完全不同。

傅姆美尔批评贝多芬：“像野牛般的一个乡下佬！”

贝多芬却又有贝多芬的看法：“只会写一些迎合听众的靡靡之音，是个轻佻的音乐家！”

贝多芬对于傅姆美尔，抱着这样一种轻蔑的态度，所以，他们两个碰在一起的时候，总是抱着敌意，你讨厌我，我讨厌你，感情一直好不起来。

一八〇七年，贝多芬作了一首弥撒曲呈献给爱斯铁尔侯爵。这个侯爵，是海顿的崇拜者，所以，他爱好像海顿的作品那样堂皇正派的作品。所以当这首弥撒曲被演奏的时候，侯爵就问："贝多芬先生，你为什么还在写这样的乐曲呢？"

贝多芬听了很不高兴。这时，坐在侯爵旁边的傅姆美尔，一听到这句话便笑了起来。从那次以后，他们两个就没有再见过面。

"年轻的时候，总喜欢胡闹。为了芝麻绿豆大的一点儿小事情，就会发起蛮牛脾气来。傅姆美尔兄，过去的事情，忘掉它算了。当我身体好的时候，一看见你就立刻躲开。到了现在，孤零零的一个人，就怀念起旧人来了。可是，到这个时候谁还肯来呢？命运之神的确很喜欢捉弄人呀！"贝多芬感慨地说。

"贝多芬兄，再过两三天，我会再来看你，希望你好好静养，好早一点儿恢复健康。"

傅姆美尔怕贝多芬太累了，因此向贝多芬告辞。

"你一定要来呀！傅姆美尔兄，我们两个能够恢复友谊，我真有说不出的高兴呢！你可一定要来啊！"

贝多芬再三这样说过以后，又指着悬挂在他床头的一张海顿故居的铜版画：

"这是一张使我看了会像孩子般高兴起来的画呢！因为，那是一个伟大人物出生的老家，是海顿亲自送给我的……"

等到傅姆美尔一走，他因为实在累极了，又倒到床上去了。

寂寞的死

那一笔望眼欲穿的伦敦汇款，由毛西勒斯寄到贝多芬手里时，正是他和傅姆美尔见面后第五天。

贝多芬接到了这笔钱，由于过度高兴和感激，竟然哭了起来。

这一幕惨痛的情景，使旁边的辛德莱心都快碎了！

“马上给我写信去道谢！写给那些好心肠的英国朋友！”贝多芬感激得这样直喊着。

“请帮我问一声，他们是要我写一首《第十交响曲》的序曲呢，还是要我写另一个他们所喜欢的乐曲呢？这一次，我一定要写出一部从未有过的充满着热情的作品。”

辛德莱就照着他的意思，开始动笔。

一会儿，贝多芬又突然想起：

“同时，还要给我写封回信给潘格拉夫妇，我接到他们的信以后，还没有写回信……”

“让我来写好了，请你把大意说一说。”

接到你们的来信非常高兴。可是我因为身体太坏，所以不能执笔写回信给你们。我的病虽然已经动过四次手术了，但要恢复健康还需要一段时间。所有的不幸，说不定会带来一个良好的结果。

另外还有许多话要说，可是，我的身体太衰弱了。我只有把想念你们夫妇俩的念头，放在心里。

你们永远的老朋友　贝多芬

“只要这么写就行了。我有点兴奋，也感到有些疲倦。”贝多芬虚弱地说着。

这是用贝多芬的名字发出去的信，也是他一生中最后发出去的一封信件。这时候，死神已经悄悄地挨近他身边了。

在贝多芬临终前一个星期的三月十九日下午，辛德莱告诉他，有两个客人来探病。

“萧敦白莱纳和舒伯特来了。让哪一位先进来？”

“先请舒伯特进来，我很想和他见见面呢。”

贝多芬说话的声音，微弱得几乎听不见。不过，他的意识倒还很清醒，并没有忘记看到舒伯特乐曲以后所感到的惊奇。

“舒伯特先生，我早就想和你见面。我的生命，很快就要结束了。我很想再多看一点儿你的作品，可是，连这一点也不能够达到。你好好地努力吧！你一定会驰名世界的！”

舒伯特看到贝多芬的面貌那么憔悴，胸口感到隐隐作痛；一方面又意料之外地听到贝多芬称赞他的作品，使他悲喜交集，不禁泪流满面。

“谈得太久的话，对于病体是不太好的，所以……”

辛德莱这样说了一声，舒伯特只好从房间里走出来。他由于过度激动，在那本笔谈的手册上，竟连一句话也写不下去。

贝多芬的病势，一天天地挨近了绝望的边缘。

“还是留下遗嘱的好。”

白朗宁来探望贝多芬时，把写了这句话的手册放到他的眼前去。

贝多芬的心里，似乎也很明白他离开这个世界的日子已经迫在眼前了，便点了点头表示同意。

于是，白朗宁就给他起稿。

“我的侄儿卡尔，是唯一的继承人。所以，我的全部遗产，完全归卡尔继承，特立此遗嘱为凭。”

贝多芬看了看这稿子，就趴在床上，伸出颤抖着的手，很费力地把这份遗嘱抄了起来。

贝多芬把遗嘱写好，交给白朗宁的时候，凄然地低语：“好了，这是我一生中最后一次执笔！”

写好遗嘱，他闭着眼睛休息了一会儿，接着，他又突然睁开了眼睛，望着白朗宁和辛德莱说："你们喝彩吧！一幕喜剧收场了！"

这两句话，是第六世纪的宗教家奥古斯都临终时说过的。

贝多芬已经知道，他的生命快要结束了。他说这句话，就是表示他对于死，在精神上已经完成了充分的准备。

事实上，贝多芬的死是一幕喜剧的收场吗？不！那是悲剧的终场。

第二天，白朗宁看看贝多芬实在已经到了生命的最后关头，就把神父请了来，让贝多芬接受最后的圣餐。这是天主教信徒在临终时必须举行的宗教仪式。

仪式完成了以后，贝多芬还能说话：

"神父，谢谢你。你给了我安慰。"

接着，他又想起伦敦的费尔哈摩尼团曾向他表示过的好意，于是，就向英国国民致谢：

"上帝，请求你降福给他们！"

这一天的傍晚，莱茵河边的美因滋市的萧德出版社，送了两瓶莱茵特产的葡萄酒来慰问贝多芬。

辛德莱把那两瓶酒放到贝多芬的枕头边去时——

"没有用了！没有用了！已经来不及了。"

从他嘴里发出这一阵悲惨的语声来。这也是贝多芬留在这世界上的最后的声音！

之后，也许是因为精神瘫痪了的缘故吧！从下午一点钟起，他就陷入酣睡中。第二天，也整天地睡着。

三月二十六日。天地间突然卷起了一场来势猛烈的狂风暴雨。闪烁的电光，照射在银白色的残雪上，只见窗外白茫茫一片。夹着冰雹的大风雨，漫天飞舞。接着而来的，是一阵雷声。

本来在酣睡中的贝多芬，被这一阵雷声给惊醒了，就高高地举起握紧拳头的右手，张开两只眼睛，撑起半个身子来。可是，马上就扑通一声，倒在床上。

在一生中遭遇了各种各样的不幸，却始终凭着他的坚强意志，不断奋斗的“英雄”，就此长逝了。

时间是一八二七年三月二十六日下午五时四十分。贝多芬这时是五十七岁。

身后哀荣

贝多芬逝世以后，维也纳好像才发现贝多芬的伟大似的，大家陷入了沉痛的哀悼中。

举行葬礼这一天，为了表示哀悼，各学校都放假；参加送殡的人，真是人山人海，挤得水泄不通。

丧礼主持人是贝多芬的挚友白朗宁。卡尔没有回来奔丧，贝多芬的灵魂，是多么凄清寂寞呀！

抬灵柩的人，是在歌剧场服务的八个有名的音乐家。扶着灵柩的，是贝多芬的学生和那些晚辈的音乐家，一共有三十六个人。舒伯特也是这三十六个中的一个。他们都高举着火把，默默前进。

灵柩上面，放着一个月桂花圈；灵柩前后的两个乐队，不断地奏着哀乐，十六个歌手，以男声四部合唱着贝多芬所作的庄严歌曲。

后面拥着维也纳几千位名流人士，沿路的左右两侧，一般市民连绵不断地排列着，目送贝多芬的灵柩到教堂里去。

在教堂里举行过仪式以后，就用一部马车把灵柩运送到墓地去。

那些和贝多芬有过深厚交情的人，在墓地诵读他们的祭文或挽诗。这些挽祭的诗词，使在场的人士都受了极大的感动，全场只听到一片呜咽的哭泣声！

在寂寞庄严的气氛中，完成了这场为乐坛之王所举行的隆重葬仪。

当时，特别使人深切感动的，是宫廷伶官所念的名诗人格立尔巴彩尔所作的一篇祭文。

他是一个艺术家，有谁能够跟他并肩站在一起呢？

正像毕黑模德（巨神）在海里兴风作浪一样，他在那艺术的境地里，到处徜徉。

从那斑鸠可爱的啼声，到那惊天动地的巨雷响声，他都很神奇地表现了出来。

他在艺术的最高境界里，终结了他伟大的作业。

亚蒂洛伊贷和菲德里奥，维多利亚英雄的胜利，还有那恭敬虔诚的弥撒曲，还有那分成三声、四声的各种合唱曲！

欢颂神的光明的交响曲！在他的坟墓四周，围绕起月桂的绿荫。

他是艺术家，同时，在任何方面也是一个顶天立地的人。

他从不肯随便和人家接近，因为他不肯趋向下流。

因为他没有交到可以和他较量的人，所以，他生活在孤独中。

他尽管孤高自赏，可是，一直到他离开人世，仍具有丰富的人情味。心爱家人，也以和善的生命爱着这个世界……

贝多芬不但为音乐指出一条新的道路，也发掘了人类心灵最深邃的一面。到他逝世后一百多年的今天，我们仍可以说：贝多芬是音乐史上永远的巨人。

贝多芬年谱

公元纪年	年　龄	记　事
一七七〇		十二月十六日，出生于德国波恩。 父亲为约翰·范·贝多芬。 母亲为玛丽亚·马克黛丽娜·贝多芬。
一七七三	三岁	祖父逝世。
一七七四	四岁	弟弟喀斯巴·安东·卡尔出生。
一七七六	六岁	弟弟尼古拉斯·约翰出生。
一七七八	八岁	贝多芬到科隆市演奏。
一七七九	九岁	夏天，向派意华学习钢琴。
一七八〇	十岁	向罗邦棣学习小提琴。
一七八一	十一岁	罗邦棣去世。 由母亲陪同，搭船沿莱茵河下驶赴荷兰。
一七八二	十二岁	贝多芬为尼法做风琴助手。 和潘格拉相识，被介绍给白朗宁家。

公元纪年	年　龄	记　事
一七八七	十七岁	离波恩赴维也纳，和莫扎特见面。 六月，接到母亲患病的消息，返回波恩。 七月，母亲病故。
一七八八	十八岁	政府批准发给父亲半薪，作为家族生活费用。
一七九〇	二十岁	海顿路过波恩，商请领主资送贝多芬到维也纳去上学。
一七九一	二十一岁	莫扎特去世。
一七九二	二十二岁	十一月初，再往维也纳。 十二月十八日，父亲亡故。
一七九三	二十三岁	被海顿收纳为学生。 八月初，瞒着海顿，向辛克学习。
一七九四	二十四岁	往亚白勒希北。 投靠烈希诺夫斯基侯爵。
一七九五	二十五岁	三月二十九日，在维也纳的白尔格剧场，演奏自己所作的钢琴曲。 把两个弟弟从波恩接到维也纳去。
一七九六	二十六岁	从布拉格到柏林。 潘格拉回波恩。
一七九九	二十九岁	黛莉冉·勃伦斯比克向贝多芬学习钢琴。
一八〇〇	三十岁	四月二日在宫廷剧场举行第一次音乐演奏会。 琪莲泰·潭查尔狄到维也纳。
一八〇二	三十二岁	夏天在哈伊利根修托德静养。 十月六日写就“遗书”。
一八〇三	三十三岁	在安·第亚·宾恩剧场举行作品发表会。

公元纪年	年 龄	记 事
一八〇四	三十四岁	在罗白考维脱侯爵官邸，为普鲁士皇太子初次演奏《英雄交响曲》。
一八〇五	三十五岁	法军入侵维也纳。 十一月二十日，在亚恩·狄耶·培恩剧场上演歌剧《菲德里奥》。
一八〇六	三十六岁	侄儿卡尔出生。
一八〇七	三十七岁	与蒂莱赛·荷恩·马尔发戴相识。
一八〇八	三十八岁	三月二十七日，在大学讲堂举行庆祝海顿七十六岁诞辰纪念演奏会。 十一月,被“嘉赛宫廷”聘任为宫廷音乐队长。 十二月二十二日，发表《命运》（第五）、《田园》（第六）两首交响曲。
一八〇九	三十九岁	接受年金补助。 法军攻击并侵入维也纳。 五月十三日海顿逝世。
一八一〇	四十岁	向蒂莱赛·荷恩·马尔发戴求婚。 白蒂娜·白仑泰诺来访问。
一八一一	四十一岁	因战争影响，年金停付。
一八一二	四十二岁	在德披立脱温泉与歌德晤面。 赴林嗣访晤其弟约翰。 十一月，其弟约翰不顾他的反对而结婚。
一八一三	四十三岁	十二月八日，在慈善音乐会，初次演奏《会战交响曲》与《第七交响曲》。 十二月十二日，再度演奏上列二首交响曲，两夜间的收入四百英镑，全部捐赠伤兵。
一八一四	四十四岁	与辛德莱初次晤面。 四月十一日举行慈善音乐会，耳病加剧，此为最后一次钢琴演奏会。 五月二十三日初次上演修改后的《菲德里奥》歌剧。当维也纳会议中，在大路德登萨尔举行演奏会，大受各国外宾赞誉。

公元纪年	年龄	记 事
一八一五	四十五岁	他弟弟喀斯巴·安东·卡尔去世。 为其侄卡尔的监护人。 送卡尔至迦太杰伏·德尔·李奥学塾就学。 卡尔的母亲控诉贝多芬。
一八一七	四十七岁	为了卡尔，迁至兰德秀拉赛居住。
一八一八	四十八岁	卡尔被学塾勒令退学。
一八一九	四十九岁	其弟约翰，购买多瑙河边古那伊克圣杜尔夫的豪华住宅。
一八二〇	五十岁	关于卡尔的讼事，贝多芬获胜。
一八二四	五十四岁	三月，《庄严弥撒》乐曲告成。 五月七日在克伦脱那德耶剧场，初次演奏《庄严弥撒》。 卡尔于秋天入大学。
一八二五	五十五岁	完成《第九交响曲》。 卡尔被大学开除。 五月迁居至巴登。 八月与白朗宁恢复友谊。 秋天，卡尔进入工业学校。 迁居至舒巴滋休巴尼公寓。
一八二六	五十六岁	病况转剧，身体更见衰弱。 七月，卡尔企图以手枪自杀，结果，自杀未遂，被警局拘办。 九月二十九日，携卡尔至古那伊克圣杜尔夫其弟约翰家静养。 病况更加恶化，搭乘牛奶车回维也纳。 卡尔不顾伯父病重，参加意古拉乌联队。

公元纪年	年龄	记 事
一八二七	五十七岁	二月二日，动第二次手术。 二月二十二日，写信向伦敦的毛西勒斯求助。 二月二十七日，动第四次手术。 巴斯卡拉第男爵寄礼品慰问。 傅姆美尔亲至探病。此系阔别二十年后的第一次见面。 舒伯特来探病。 三月二十三日重立遗嘱。 三月二十四日傍晚，病况转危。 三月二十六日下午五时四十分，在狂风暴雨中，在舒巴滋休巴尼公寓逝世。 三月二十八日，唐霍沙为他画遗像。 三月二十九日下午三时，在亚尔赛修托德的派尔教堂，举行殡葬仪式。
一八八八		六月二十一日，遗体迁葬于维也纳中央名誉墓地。

图书在版编目（CIP）数据

贝多芬 / 文心编写.—西安：陕西人民出版社，2013
（世界伟人传记）
ISBN 978-7-224-10883-5

Ⅰ.①贝… Ⅱ.①文… Ⅲ.①贝多芬，L.V.（1770～1827）—传记—青年读物②贝多芬，L.V.（1770～1827）—传记—少年读物 Ⅳ.①K835.165.76-49

中国版本图书馆CIP数据核字（2013）第243215号

著作权合同登记号：25-2012-203

本书中文繁体字版本由东方出版社在台湾出版，今授权陕西人民出版社有限责任公司在中国大陆地区出版其中文简体字平装本版本。该出版权受法律保护，未经书面同意，任何机构与个人不得以任何形式进行复制、转载。

项目合作：锐拓传媒copyright@rightol.com

世界伟人传记·贝多芬

编　　写：文　心

出版发行：陕西出版传媒集团　陕西人民出版社
地　　址：西安北大街147号　邮编：710003
印　　刷：西安市建明工贸有限责任公司
开　　本：880mmx1230mm　32开　7.875印张
字　　数：142千字
版　　次：2014年2月第1版　2014年2月第1次印刷
书　　号：ISBN 978-7-224-10883-5
定　　价：20.00元